KB237203

살아 있는 글쓰기

이호철 선생의 교실혁명 3

보리

살아 있는 글쓰기

이호철 선생의 교실혁명 3

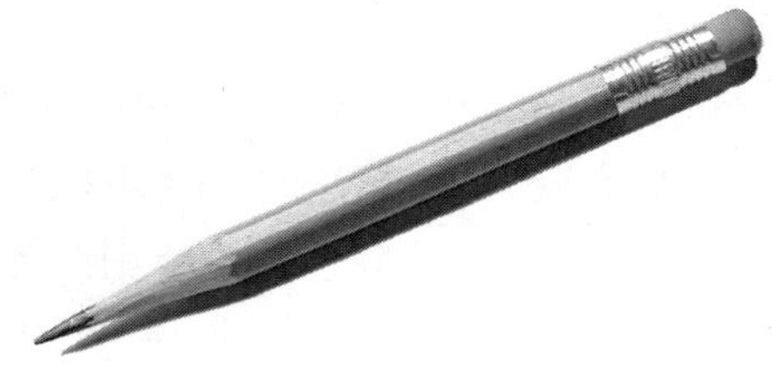

'살아 있는 글쓰기' 지도에 앞서

솔직한 글을 쓸 수 있는 사람의 마음은 깨끗하다. 거짓말할 줄 모르고 양처럼 온순하다. 그래서 거짓글을 쓰는 사람, 꾀나 요령이나 거짓으로 살아가는 사람들에게는 바보처럼 보일지 모른다.

그렇지만 땀 흘리며 일할 줄 알고, 어려움을 이겨 낼 줄 알며, 옳지 못한 일에 대해서는 강하게 대항할 줄 알고, 그릇된 일은 비판하여 올바른 길을 찾을 줄도 안다. 또한 보는 눈이 넓고, 생각이 깊고, 앞서 가서 멀리 내다볼 줄도 안다. 그것뿐 아니다. 언제나 사랑하는 마음으로 가득 차 있으며, 아름다운 마음을 깊이 간직하고 있다.

꾀나 요령으로, 거짓으로 살아가는 사람들은 솔직한 글을 쓸 수도 없거니와 바로 눈 앞의 이익에만 눈이 어두워 아웅다웅 다툰다. 남의 괴로움 따위는 모르거니와 알아도 모르는 척한다. 남들과 더불어 살아가는 척도 하지만 정말 어렵게 더불어 살아야 할 일에는 발뺌도 잘 한다. 참되게 사는 맛이 어떤 것인지 모르는 아주 불행한 사람이다.

살다가 보면 기쁜 일, 슬픈 일, 억울한 일, 답답한 일, 따져 볼 일, 외로움, 놀라움, 신비로움…… 수도 없이 많다. 아이들이 그런 것들을 글로 마음껏 풀 수 있다면 더없이 좋을 것이다. 그 글을 읽는 사람 중에 같은 처지에 있는 사람은 큰 위로가 될 것이고, 그와 같은 처지에 있지 않더라도 그 사람의 처지를 잘 이해하게 되어 결국 모두 한마음이 될 수 있지 않겠나.

그런데 요즘 아이들은 어떤가? 그런 것들을 까마득히 접어 두고 지식만 주워 담는 학원에서, 텔레비전 앞에서, 전자오락실에서, 비디오 앞에서, 몹쓸 만화책 속에서,…… 잘못된 어른들의 삶처럼 되어가고 있지 않은가! 아이들이 본디 지니고 있는 깨끗하고 순수한 마음으로 글을 쓰게 하고, 책을 읽게 한다면, 이 아이들이 어른이 되는 세상은 모두가 거짓없이 더불어 살아가는 참으로 살맛나는 세상이 되지 않겠나.

아이들을 글짓기 선수로 만들기 위해서 억지로 쓰게 하는 글짓기 지도가 아니라, 참되게 살아가게 하기 위한 글쓰기 지도를 해 보자. 글쓰기 지도는 문예부 교사만 하는 것이 아니라 어느 교사나 밥 먹는 것처럼 할 수 있어야 교육이 제대로 이루어질 것이다.

읽는 사람이 감동할 수 있는 솔직한 글을 쓰게 하려면 우선 아이들이 굳게 닫아 놓은 마음의 문을 먼저 활짝 열어제치게 해야 한다. 그러나 부끄럽게도 우리 어른들은 그렇게 할 수 없도록 권위란 힘으로 아이들을 꽉 눌러 꼼짝 못하게 하고 있다. 어른들이 아이들의 마음을 너그럽게 받아들이지 않기 때문에, 아이들은 하고 싶은 말도 가슴 깊이 묻어만 두고 밖으로 마음껏 나타내지 못한다. 그러면서 마음에도 없는 말로 어른들의 마음에 들도록 겉만 번지르하게 꾸며낸다. 어른들은 이것을 보고 아이들의 참 모습이라고 착각한다. 그건 아이들 본래의 모습이 아니다. 더구나 어른들의 걱정이 아이들의 걱정이 되고 거기다가 아이들만이 가지고 있는 걱정이 또 더해져서 무겁게 누르는데 그 마음을 풀지 못한 채 예쁜 모습, 아름다운 모습만을 꾸미도록 강요당하고 있지 않는가. 이렇게 꼭두각시처럼 시키는 대로 겉만 번지르하게 해서 아이들의 것이라고 내세우게 하지 말고, 정말 아이들의 생각을 마음껏 드러내 보이도록 해야 한다. 아이들이 자신의 본 마음을 내보인 것이 어른들의 비위에 맞지 않는다고 해서 어른들에게 버릇없는 어린이가 되는 것은 아니다. 먼저 아이들이 마음의 문을 활짝 열게 해야 한다.

사람은 누구나 비밀스럽고 부끄러운 일들을 묻어 두고 있게 마련이다. 그런데 그런 것들을 깊이 묻어둔 채 굳게 닫고 있다면 과연 자신이 여러 사람들 앞에 떳떳해질 수 있을까? 어떤 부끄러운 일도 세상 사람들 앞에 드러내 놓을 수 있다면 나는 우선 그 사람이 다시 떳떳해지고 깨끗해질 수 있다고 믿는다. 아이들도 꼭 그랬으면 좋겠다. 그러면 앞 날이 아주 밝아지겠지.

아이들이 또 마음의 문을 활짝 열도록 해야 하는 것은, 사람이나 동물이나 식물과 같은 모든 것, 모든 일을 사랑의 눈으로 살펴볼 줄 알게 하기 위함이다. 그 가운데서도 특히 힘없고, 불쌍하고, 보잘것 없고, 작고, 남들이 하찮게 여기는 것, 남에게 버림받은 것들을 사랑할 줄 알게 해야 한다. 더욱이 그들의 아픔을 사랑할 줄 아는 사람이 되게 해야 한다. 그렇게 하려면 그들을 더 자세히 관찰하고 그들이 하는 말에 귀를 기울이게 해야 하며, 그들의 처지가 되어보게 해야 한다. 눈으로 보는 것과 생각하는 것만으로는 부족하다. 할 수만 있다면 그들이 하는 일을 직접 겪게 했으면 더욱 더 좋겠다. 그렇더라도 자신의 일에 묻혀 사는 것만큼 마음을 다 알 수야 있겠냐만 그래도 할 수 있는 만큼은 해보도록 해야겠다.

또 한 가지, 세상 일은 아무리 감추어도 드러나게 되는 법이다. 그라, 아이들의 눈에 들어오는 세상살이는 어떨까? 그만 기계의 톱니바퀴처럼 세상 돌아가는 대로 따라 돌아가기만 하면 될까? 거기에서 어떤 불량한 물건이 만들어져 나와도 상관없이 돌아가기만 하면 될까? 안 될 일이다. 세상에는 진정 아름다운 것도 많지만, 겉으로만 아름답게 보이는 것도 많다. 그래서 겉이 번드르하게 꾸며져 있어 남 보기에 아름답게 보일지라도 한 번쯤은 따져 보도록 하는 것이 좋다. 그와 반대로 겉은 험해서 흉하게 보이나 속은 아름답고 쓸모 있는 것도 많으니 그 또한 살펴보도록 할 일이다. 이렇게 세상은 참 묘한 것들이 많다는 것을 알게 해야 한다.

그런데 이렇게 말하는 어른들이 아주 많다. 그냥 그렇게 세상을 아름답게 보도록 아이들을 기르면 될 것이지 굳이 썩고 병든 것을 파헤쳐 보여서 무얼 배우겠느냐고. 그렇게 걱정 아닌 걱정을 한다. 나는 그렇게 생각하지 않는다. 일찍, 될 수 있는 대로 일찍 찾아내고 파헤치도록 해야 좋다고 생각한다. 그리고 썩은 원인을 여러 가지 면으로 찾아보게 하고 그 원인에 따라 스스로 치료를 하면서 바르게 살아갈 수 있도록 해야 한다. 그런 가운데 자기 자신을 바르게 세우게 된다. 이렇게 자라난 아이들이 커서 제대로 사람이 될 수 있다고 믿는다. 그래서 아이들이 세상 구석구석을 살펴보는 마음의 눈을 크게 뜨도록 해야 한다.

자세히 듣고 보도록 마음의 문을 열게 할 일이 또 있다. 가만히 들어보면 세상에 '꿀꿀' 우는 돼지가 없다. '야옹야옹' 우는 고양이도 없으며, '맴맴' 우는 매미도 없다. 사람들은 무조건 '꿀꿀', '야옹야옹', '맴맴' 운다고 머릿속에 못 박아 놓고 있다. 또 꽃이 '아름답다'(물론 아름답게 보이지 않을 때도 있겠지만)는 말도 온세상 어느 누구나 다 알고 있는 사실인데 '아름답다'는 말로밖에 아름다움을 나타낼 줄 모른다면 별다른 느낌을 받지 못한다. 그와 같은 생각을 '관념'이라거나 '개념'이라고 말할 수 있는데, 그런 틀에서 벗어나야만 생생한 글을 쓸 수 있다.

어려운 일이지만 어쨌든 마음의 문을 열고, 쓰고 싶은 것을 쓰고 싶어 못 견뎌서 쓰도록 해야 한다.

차례

제1부 시 쓰기―그 때 그 순간의 감동 되살리기

참된 사람으로 키우는 시 쓰기
시란 무엇인가?
가짜 시와 진짜 시
시 지도에 앞서 알아둘 일
시 쓰기 지도 일곱 단계
자신감을 심어준 시 쓰기 개인 지도
아이들과 함께 맛보고 싶은 시

생선 물고 가는 고양이 · 경북 경산 부림초등학교 6년 이제한

시 쓰기 — 그 때 그 순간의 감동 되살리기

참된 사람으로 키우는 시 쓰기

아이들이 태어나서 이 사회의 숲에서 바르게 자라는 데는 무슨 별난 교육을 야단스럽게 하지 않아도 오염된 환경만 막아 주면 된다고 생각한다. 그러면 적어도 아이들이 본성은 잃지 않고 살아갈 것이다. 그러나 못난 어른들은 그냥 두지 않는다. 다른 자리에서도 이야기했지만 교육이란 이름 아래, 싱싱하게 자라는 나무를 괜히 조그만 화분에 꼼짝도 못 하게 옮겨 가두어 놓고 제 입맛에 맞게 비틀고 잘라 놓는다. 많은 아이들이 어른이 쓴 동시의 틀에 맞추어 거짓말 재주를 부리는 것만 보더라도 이미 그 잘못된 어른들의 생각이 아이들을 얼마나 잘못된 길로 이끄는지를 알 수 있다.

그러고 보니 이오덕 선생님이 엮은 〈일하는 아이들〉에 실린 아이들 시가 그렇게 싱싱하고 깨끗한 것은 그 당시 농촌이 요즘처럼 오염되지 않은 탓이다. 그리고 아이들이 본성을 잃지 않은 데다 또 그것을 뜻있는 선생님이 지켜준 데에 있다고 본다. 하지만 많이도 오염된 요즘, 편한 것만 찾으며 참된 눈물을 잃어버리고 얕은 웃음으로만 살아가는 이 사회에서 자라는 아이들에게서는 그런 시 얻기가 아무래도 어렵겠다는 생각이 든다.

여기서 이오덕 선생님이 말한 시 교육의 목표를 살펴보자.

① 일상의 삶에서 비뚤어지고 오염된 마음을 순화시킨다. 혹은 사람의 정신을 더 높은 경지로 고양시킨다.
② 시적인 직감을 통해 사물의 본질을 붙잡는다.
③ 참된 삶을 인식하고, 인간스런 삶의 태도를 갖는다.
④ 진정이 들어 있는 말, 진실이 꽉 찬 말, 정직한 말의 아름다움을 깨닫고, 그런 말을 쓴다.
⑤ 자신의 느낌과 생각을 표현하고 싶은 욕구를 갖는다.

한 마디로 말하자면 참다운 인간을 키워가는 것이라 할 수 있다.

그러나 인간 교육이니 어쩌니 해도 아이들의 본성을 눌러 놓고는 참다운 인간을 길러 가는 인간 교육이 이루어질 수 없다. 지금부터라도 아이들이 본성을 살려 마음껏 시를 쓰면서 참 인간으로 살아갈 수 있도록 해 주어야 한다.

그러자면 먼저 어른에 의해 묻은 때, 더구나 머리로 짜 맞추어 쓴 시를 익히고 써왔던 때를 깨끗이 벗겨내야 한다. 그런 다음 그 때 그 순간의 생생한 감흥을 불러일으켜 감동 있는 시를 쓰게 해야 한다. 지금까지 아이들에게 살아 있는 시를 쓰게 하기 위해 내 방식대로 해온 지도 방법을 아이들 시와 함께 보이기로 한다.

시란 무엇인가?

아이들에게 시를 쓰게 하기에 앞서 시를 바르게 알도록 해야 한다. 그러자면 먼저 가르치는 교사가 시를 바르게 알아야 한다. 시를 보는 교사의 눈이 바로 아이들이 시를 보는 눈이 될 만큼 교사의 책임이 무겁다. 교사가 그릇된 방향으로 아이들의 시를 보고 있다면 아이들은 처음부터 끝까지 (어른이 되어서도) 비뚤어진 방향으로 가게 된다.

'시란 무엇인가?' 하고 묻는다면 아이들은 어떻게 대답할까? '이야기보다 짧다는 것', '연이 나뉘어져 있다는 것', 또 그 밖에 여러 가지 대답이 나오겠지만 꼭 짚어서 이것이라고 대답하기는 힘들 것이다. 어른들에게 물어 보아도 대답이 별로 뾰족하지 못하기는 마찬가지다. 비비꼬아 어쩌고저쩌고 해서 오히려 머리만 더 혼란스럽게 만들 것이 뻔하다. 이오덕 선생님의 말을 그대로 빌어오는 것이 가장 좋겠다.

"시란 '마음의 소리', '자연이나 인간의 삶에서 얻은 감동을 짧게 나타낸 글', '사람의 마음을 울려 놓거나, 놀라움을 주거나, 새로운 것을 발견하게 하거나, 높은 곳으로 우리들 마음을 끌어올려 주는 짧은 글', '참 그렇구나! 참! 하고 느끼는 것' 이렇게 말하기도 합니다. 좀더 쉽게 말하면, 읽는 이들로서 볼 때 시는
① 우리의 마음을 따뜻하게 해 주는 것
② 우리를 기쁘게 해 주는 것
③ 새로운 세계를 열어 보여 주는 것
④ 자유롭게 살아가는 마음을 보여 주는 것
⑤ 우리의 마음을 깨끗하게 해 주거나, 높은 곳으로 끌어올려 주는 것
⑥ 참된 것을 찾아낸 것
⑦ 희망을 주는 것
이라 말할 수 있습니다. 이 밖에도 더 말할 수 있지만 대강 이쯤으로 느껴 알면 되겠습니다. 또 쓰는 사람 쪽에서 보면
① 새로움의 발견
② 아, 아름답구나, 참 그렇지, 하고 깨달은 것
③ 참다 참다 그래도 참을 수 없는 말을 토해낸 것
이라고 말할 수 있습니다."

이렇게 볼 때 아이들이 쓰는 참된 시는 '삶에서 그때 그때 부딪치는

온갖 일들에 대해서 느끼고 생각한 것(감동)을 될 수 있는 대로 짧은, 꼭 써야 할 자기의 말로 토해 내듯이 쓴 것'이라고 말할 수 있겠다.

이 말을 아무리 쉽게 풀이해 주어도 아이들이 '시란 이것이다' 라고 분명하게 잡지는 못할 것이다. 그래서 실제 시를 읽고 쓰는 가운데 자기 마음 속으로 저절로 느껴 아는 것이 중요하다고 본다.

나는 가끔 아이들에게 외국 어린이의 글이지만 시의 이해를 돕기 위해 다음 글을 읽어 준다.

내가 쓴 시를

4학년

내가 쓴 시인데
내가 읽을 때
눈물이 날 때가 있다.

아버지란 시를 쓸 때
나는
연필을 살짝 책상 위에 놓고
노점에서 과자 팔고 계실
아버지를 생각한다.
그리고 입 속에서 중얼중얼
"아버지, 아버지……." 부른다.

어머니란 시를 쓸 때
지금쯤 엄만
어디서 일하고 계실까?
점심을
길 한복판에서 잡수고 계실까?

모래 나를 때
큰 돌이
발 위에 떨어지지나 않을까?

나는 결코 울지 않는다.
그러나
시를 읽으면서
내가 쓴 시를 읽으면서
나는 눈물이 날 때가 있다.

이미 잘 알려진 시지만 다음 시도 읽어 준다.

팔려 가는 소

경북 경산 부림초등학교 6학년 조동연

소가 차에 올라가지 않아서
소 장수 아저씨가 '이라' 하며
꼬리를 감아 미신다.
엄마 소는 새끼 놔두고는
안 올라간다며 눈을 꼭 감고
뒤로 버틴다.
소 장수는 새끼를 풀어 와서
차에 실었다.
새끼가 올라가니
엄마 소도 올라갔다.
그런데 그만 새끼 소도 내려오지 않는다.
발을 묶어 내릴려고 해도
목을 맨 줄을 당겨도

엄마 소 옆으로만
자꾸자꾸 파고들어 간다.

결국 엄마 소는 새끼만 보며 울고 간다.

정말 눈물이 핑 돌 만큼 마음에 찡하게 울려오는 것을 느낄 수 있을
것이다. 그것이 감동이다. 그런 감동이 담겨 있어야 시라고 할 수 있다.

가짜 시와 진짜 시

다음에 내보이는 시들은 어느 신문에 실린 아이들 시를 몇 편 옮겨 적
어본 것이다.

아이스크림

4학년

겨울에 먹으면 추워!
여름에 먹으면 시원해.

내가 먹으면 언제나 맛있는
아이스크림

내 마음을 몽땅 가져간
아이스크림
그러다
숙제도 못 했네

벼루

4학년

아주 오래된
할아버지의 벼루

벼루를 보면
인자하셨던
할아버지 생각

눈에 눈물이 글썽

벼루는
나에게 할아버지의
그리운 소식 알려 주지요.

벼루 한 번 만지면
할아버지께서
날 안아주시는 느낌

할아버지
사는 세상 가려고

먹 갈아
붓으로 글씨 쓰니
온 세상이 할아버지 얼굴이에요.

스승의 날

4학년

스승의 날 아침
예쁘게 포장한 선물 가지고
학교에 간다

앞가슴에
꽃 한 송이 달아 드리고
선물을 드린다

나보다 더 좋은 선물을 드린
애도 있지만
"고맙다"라는 선생님의 말씀
기분이 좋다

스승의 은혜 노래를 부르고
돌아오는 발걸음 어느 날보다 가볍다

어느 한 편도 '참 그렇구나!' 하는 느낌이 드는 시가 없다. 형식은 교과서에 나오는 동시 형식을 빌어와서 머릿속에 들어 있는 아득한 생각을 말만 맞추어 갖다 붙였다고 볼 수밖에 없다. 그래서 어디서 수없이 본 듯한, 누구나 보통 생활에서 생각할 수 있는 말 나열밖에 안 되었다. 겪은 일이라 할지라도 진정한 자기의 삶이 없는 아이들의 글은 대체로 이렇다. 자기의 삶이 있다고 하더라도 실제로 언제 어느 때 어느 순간에 무엇을 하면서 겪은 일인지 또렷이 모르는 어렴풋한 경험에서는 살아 있는 시가 나올 수 없다.

다음에 보이는 시들은 어느 백일장에서 뽑혀 상을 받은 작품들이다.

물결

6학년

서쪽 지평선으로
해님이 물에
반쯤 잠기면,

바다는 출렁대며
조금씩 조금씩
비늘을 돋운다.

점심나절 내내
새파랗던 바다가
하늘에
노을의 붉은 빛
나타나며는

바다는
빠알간
몸뚱이를 드러내며
물장구를 친다.

교회의 종소리가
온 누리에
울려 퍼지면

그
은은한
종소리에 맞춰서
바다는 물결 위에
잔 미소를 띄운다.

노래

6학년

내가 부른 노래는
꽃으로 핀다.

빨강, 노랑, 파랑의
꽃으로 피어

마음과 마음에
웃음이 된다.

내가 부른 노래는
동시가 된다

맑게 차고 넘는
옹달샘처럼
마음과 마음 적셔 주는
생각이 된다.

분필

4학년

모든 어린이들에게
착하고 예쁜 마음을
가르쳐 주고 있는
하얗고 하얀 분필

분필은 우리의 예쁜 마음을
때묻지 않게 하려고
매일같이 하얀 옷만 입고
하얀 착한 마음만 내놓지요

공

5학년

육각의,
피아노같이
검고, 새하얀
축구공은
우리 아버지같이
믿음직스럽죠.

백설같이
새하얀
배구공은
철새같이 바쁜,
둥글고 밝은 마음의

어머니 같지요.

'펑펑' 흙 튀기며,
잘 되지 않는,
그물집을 넘으려고
높이뛰기 연습하는
농구공은

대학 입시 공부하는
언니같이
노력가이죠.

"쨍그랑"
왈가닥인 야구공

배트에 맞고도
유리창과 박치길 해도,
끄떡없는
야구공은,

레슬링
선수인가 봐요.

이삭

5학년

들마다

가을이
탐스럽게 영글어
일렁이는 황금빛

여름내
땡볕에서
가슴 조이며
키우던 꿈이
토실토실 영글어

다소곳이 고개 숙인
벼 이삭
이삭마다
풍년의 내음이
넘친다.
들녘엔
보람찬 가을이
웃음으로 피어나
벼 이삭마다
마지막 가을을
소근댄다.

이 시들도 앞서 보인 신문에 나온 시들과 별로 다를 게 없다. 다만 말
재주를 좀더 부린 것뿐이다. 한 편 한 편 따지고 보면 머리로 짜 맞춘
시라는 것을 쉽게 알 수 있을 것이다.

읽기 교과서에 실린 시들은 어른들이 아이들에게 읽히기 위해 쓴 시,
다시 말해서 '동시'란 것이다. 그 동시들은 아이들이 자신의 삶을 생생

하게 쓴 시(어린이 시)보다 맛(재미)도 감동도 없는 것들이 참 많다. 그런데도 이름난 시인들이 썼으니까 무조건 좋은 시라고 미리 믿어 버리고 몇 연 몇 행이니, 재미있게 쓴 말이 무엇이니 따위를 가르치고 배운다.

또 〈쓰기〉 책을 보면 어떠한 글을 쓰든지 아이들을 철저하게 계획된 틀에 가두어 오히려 자신의 삶을 잃어버리게 만들고 창의성을 죽이도록 짜여 있다. 더구나 이야기글을 줄여서 짜 만들기 하는 시 쓰기가 있는데 그것 또한 겉 모양만 시처럼 꾸며 놓는 아주 좋지 못한 방법이다. 시는 시고 이야기글은 이야기글이지, 이야기글을 줄여서 시로 만들거나 시를 늘여서 이야기글이 되게 할 수는 없다. 시라는 탈만 뒤집어씌운 꼴이니까. 그렇게 가르치다 보면

산새가 아침을 열면
기차가 아침을 싣고 간다.

하는 식으로 신기한 말재주를 부리든지 남의 말이나 생각이나 짓을 모방하여 앞에 내보인 시들처럼 쓰게 되는 것이다.

또 한 가지, 아름다운 말을 관념으로 꾸며 맛없이 시를 쓰는 것보다 위험한 것은 사실 자체를 아주 거짓말로 꾸며 사실인 것처럼 감쪽같이 써놓아 구별하기가 힘든 가짜 시를 쓰는 것이다. 생각나지 않는 사실을 강조해서 사실대로 쓰라고 강요하다 보면 또 그런 일도 일어나는 것이다.

좋지 않은 시란 어떤 것인가를 내 나름대로 알아내는 방법은 다음과 같다.

① 어디선가 많이 본 것 같은 시다.
② 교과서에 나온 동시 형식을 닮은 것 같다

③ 너무 매끈하다.
④ 어른스럽다, 어렵다.
⑤ 읽어봐도 별 맛이 없다.
⑥ 아기 같은 소리다.
⑦ 너무 아름답다.
⑧ 줄글을 시처럼 끊어놓은 것 같다.

정말 뜬구름 잡는 식의 방법인지 모르지만 먼저 이렇게 감각으로라도 구별할 줄 알아야 할 것 같다. 우선 이렇게라도 구별해 본 뒤에 다시 좀 더 깊이 살펴보고 좋은 시인지 좋지 않은 시인지 밝혀 보는 것이 좋겠다.

다음의 시들은 우리 아이들이 쓴 시다. 앞에 내보인 시들과 어떤 점이 다른가 살펴보자.

엄마의 런닝구

경북 경산 부림초등학교 6학년 배한권

작은누나가 엄마보고
엄마 런닝구 다 떨어졌다
한 개 사라 한다.
엄마는 옷 입으마 안 보인다고
떨어졌는 걸 그대로 입는다.

런닝구 구멍이 콩만하게
뚫려져 있는 줄 알았는데
대지비만하게 뚫려져 있다.
아버지는 그걸 보고
런닝구를 쭉 쭉 쨌다.

엄마는
와 이카노.
너무 째마 걸레도 못 한다 한다.
엄마는 새걸로 갈아입고
째진 런닝구를 보시더니
두 번 더 입을 수 있을 낀데 한다.
(1987. 5. 20.)

배추벌레

경북 경산 부림초등학교 4학년 김태희

배추벌레는
초록색깔.
배추벌레야
배추벌레야
배추
고만 갉아 먹어라.
니가 다 먹으면
우리 먹을 것 없단다.
갉아 먹어도
잎은 고만 먹고
줄기 좀 먹어라.
또 줄기 먹어도
너무 많이 먹지 마라,
배추벌레야.
(1990. 9. 29.)

냉이

경북 경산 부림초등학교 6학년 윤재현

내가 냉이를 캐면
엄마 생각이 자꾸만 난다.
지난 여름에 돈 벌러 간다고
아무 일도 없이 그냥 나간
엄마 생각이 난다.
엄마는 왜 안 올까?

냉이는 안 보이다
봄이 되면 보인다.
나 혼자 그냥
냉이를 보면
엄마처럼 생각된다.

엄마도 언젠가는
올 것이다.
나는 냉이를 보면
그렇게 될 것이라고
믿게 된다.

나는 어렸을 때
엄마와 같이
냉이를 캐면서
서로 웃곤 했다.
나는 이런 생각이 자꾸만 나서
하늘을 바라보곤 한다.

나는 하늘을 보면서
눈물을 글썽이곤 한다.
엄마는 어디에 갔을까?
엄마는 지금쯤
몸이 아픈 건 아닐까?

나는 기도를 드렸다.
'하느님, 우리 엄마
빨리 오셔서 냉이를 캐면서
행복하게 살았으면
좋겠습니다.'

나는 냉이와
친한 친구가 되고 싶어서
냉이를 만져 보면서
운다.
(1991. 3. 29.)

돼지

경북 경산 부림초등학교 6학년 허미경

털썩 누운 어미 돼지
새끼 열두 마리가
부리나케 달려온다.
내가 먼저야 비켜 임마
내가 먼저야
돼지우리가 시끌벅적

애들이 왜 이래!
어미가 고래고래
소리지른다.
한 마리는 자리를 빼앗겨
요기도 한 번 끼여 보고
조기도 한 번 끼여 보고
돼지 아기가 모두모두
젖꼭지에 조롱조롱
가지처럼 매달린다.
(1991. 9. 3.)

내 동생

경북 경산 부림초등학교 6학년 주동민

내 동생은 2학년
구구단을 못 외워서
내가 2학년 교실에 끌려갔다.
2학년 아이들이 보는데
내 동생 선생님이
"야, 니 동생
구구단 좀 외우게 해라."
나는 쥐구멍에 들어갈 듯
고개를 숙였다.
2학년 교실을 나와
동생에게
"야, 집에 가서 모르는 거 있으면 좀 물어 봐."
동생은 한숨을 푸우 쉬고

교실에 들어갔다.
집에 가니 밖에서
동생이 생글생글 웃으며
놀고 있었다.
나는 아무 말도 안 했다.
밥 먹고 자길래
이불을 덮어 주었다.
나는 구구단이 밉다.
(1991. 9. 5.)

어떤가? 앞서 보인 좋지 않다고 보는 시들과는 좀 다를 것이다. 아직 좀 부족하긴 해도 자기만의 삶에서 보고 듣고 겪은 일, 느끼고 생각한 것을 생생하게 붙잡아 자유스럽게 나타내었다고 본다. 그래서 마음에 울리는 감동을 받게 되는데, 이런 시를 좋은 시라고 생각하면 되겠다.

진짜 시, 좋은 시는 어떤 것일까? 여러 선생님들의 생각과 나의 생각을 정리해서 말하면 다음과 같다.

첫째, 무엇보다도 감동을 주는 시다. 여러 번 이야기했지만 '참 그렇구나!' 하고 마음에 찡하게 느껴지는 시라야 진짜 시라고 할 수 있다.

둘째, 쉽게 읽히고 자연스럽게 느껴지는 시다. 어려운 말을 쓰거나 머리로, 꾀로, 재주로 만들어 내었다는 느낌이 들어서는 안 된다. 머리로 꾸며 만든 것은 삶이 없으니 재미고 감동이고 우러날 수 없다.

셋째, 자기만의 느낌이 나타난 시다. 남의 말이나 생각을 흉내내지 않고 지금까지 아무도 쓰지 않았던 것을 써야 싱싱하게 살아 있는 시가 된다.

넷째, 자기의 말로 쓴 시다. 우스갯말, 수수께끼 놀이 말, 신기한 말, 아름다운 말, 고상한 말을 늘어놓으려 하지 말고 자기 생활에서 쓰는 말 그대로 쓴 시가 좋은 시다.

다섯째, 조금이라도 형식에 매이지 않고 자유롭게 쓴 시다. 길게 쓰든지, 이야기글같이 쓰든지 마음대로 쓰도록 하되 꼭 하고 싶은 말만을 써야 한다.

아이들에게는 좋은 시와 좋지 않은 시를 설명으로 이해시키기에 앞서 먼저 시를 느껴보도록 하는 것이 좋다.

삶이 있고, 진실된 마음이 나타나 감동이 있는 좋은 시와 말재주만 부렸거나, 머리로(거짓으로) 짜 맞추었거나, 거짓된 시는 아니지만 평범한 개념으로 써서 감동이 없는 좋지 않은 시 한 편씩 보기로 내어 놓고, 어느 글이 어떤 점에서 감동이 있는 좋은 시인지, 어느 글이 어떤 점에서 감동이 없어 좋지 않은 시인지 스스로 찾아 쉽게 구별할 수 있도록 해야 한다. 아이들은 교과서의 동시를 흉내내어서 쓴 시를 무조건 감동 있는 시라고 선입견을 가지고 보기 때문에 교과서의 동시를 닮은 시를 감동 있는 시라고 하는 경우도 있다. 그러니 어느 누가 보아도 쉽게 구별할 수 있는 시를 보기로 견주어 보이는 것이 좋다. 같은 또래 아이가 같은 시기에 같은 제목으로 쓴 시라면 더욱 좋겠다.

다음에 아이들에게 좋은 시와 좋지 않은 시를 구별하는 공부를 할 때 보여줄 만한 시를, 글감이 같은 것끼리 몇 편씩 모아 놓았다.

같은 글감을 쓴 시들 가운데 첫번째 시(1 - 1/ 2 - 1/ …)는 교과서에 나온 동시나 그 밖에 다른 어른들이 개념으로 쓴 동시 형식에, 머리에서 나온 느낌없는 생각이나 말을 그럴 듯하게 맞추어 놓은 것이라 볼 수 있다. 그래서 별 맛도 감동도 느낄 수가 없다.

첫번째 시를 뺀 나머지 시(1 - 2,3/ 2 - 2,3/ …)들은 자기의 생활에서 솟아나온 살아 있는 시다. 더러 흠이 없는 것은 아니지만 이렇게 보고, 겪고, 느끼고, 생각한 것을 꾸밈없이 자기의 말로 토해낸 시가 좋은 시라고 할 수 있다.

보기글 1 - 1
할머니

4학년 남

이리 봐도 주름살
저리 봐도 주름살
수많은 주름살
어디서 왔을까?

알쏭달쏭 모르겠네

이리 봐도 흰 머리
저리 봐도 흰 머리
수많은 흰 머리
어디서 왔을까?

알쏭달쏭 모르겠네.

보기글 1 - 2
할머니

경북 울진 온정초등학교 4학년 김호용

할머니가 60살 때
소를 몰로 가다가
소 뒷발에 차여서
다리를 다쳤다.
그 후부터는 저녁만 되면
아프다고 한다.

호용아, 영희야,
이쪽 다리 아프다.
좀 주물겨 다고.
누나는 숙제한다고 핑계대고
할 수 없이 내가 주물긴다.
잠이 와서 내가 꼬시래지면
할머니는 나를 요에다 누이고
이불을 덮어 준다.
나는 할매한테 잘해 준 것이 없는데
할머니는 날마다 나한테
잘해 준다.
(1986. 7. 19.)

보기글 1 - 3
할머니의 아픔

경북 울진 온정초등학교 4학년 김병훈

할머니가 아침부터
배와 다리와 골이 아프다 해서
약을 사 먹었다.
오줌을 누니 설사똥이 나왔다.
할머니가
죽을라면 지금 죽어라
왜 안 죽노 해서
너무나 불쌍했다.
할머니를 따라가 보니
물을 먹어대었다.

물을 먹지 마라 하니
물을 먹어야 죽지 했다.
나는 할머니를 방으로 모셔 오면서 눈물이 기렁기렁 났다.
(1986. 8. 13.)

보기글 2 – 1
감

4학년 남

주홍빛으로
얼굴 붉히며 가을이 주렁주렁
매달려 있다.

곱게곱게 차려 입고 나뭇잎들은
긴 나들이 간다.

탐스런 감들이 예쁘게 세수하고
곶감으로 다시 태어난 모습이
꼭 우리 할머니를 닮았다.
한 입 베어물면
달콤한 향기가
온 산을 물들인다.

보기글 2 – 2
감홍시

경북 울진 온정초등학교 4학년 황도곤

감홍시는 빠알간 얼굴로
날 놀긴다.
돌을 쥐고 탁 던지니까
던져 보시롱
던져 보시롱
헤헤 안 맞았지롱 이런다.
요놈의 감홍시
두고 보자.
계속 계속 돌팔매질을 해도
끝까지 안 떨어진다.

보기글 2 - 3
감

경북 경산 부림초등학교 5학년 한원엽

내 친구
한 명 따가네.
내 친구
두 명 따가네.
아이고 내 혼자 남았네.
장대 가지고
한 대 때리니
아이고야 허리 터진다.
한 대 더 때리니
난 죽었으면 죽었지
안 떨어질란다.
그러다가 엉덩이가

불나도록 맞는다.
그래도 안 떨어지고 있더니
몸 전체가 빨개지고
말랑말랑한 홍시감이 되었다.
(1989. 11. 1.)

보기글 3 - 1
봄

5학년 남

봄 봄 바쁜 봄
메말랐던 나뭇가지
눈 틔우기 바쁘고,

봄 봄 바쁜 봄
진달래 개나리
고운 옷 입기에
바쁘고,

봄 봄 바쁜 봄
졸졸졸 시냇물
노래부르기
바쁘고,

봄 봄 바쁜 봄
노오란 병아리
걸음마 연습에

바쁘고,

봄 봄 바쁜 봄
우리들은 봄맞이 가기
바쁘네.

보기글 3 — 2
봄

경북 경산 부림초등학교 5학년 김찬식

봄이 빨리도 찾아왔네요.
졸음도 찾아왔어요.
봄바람이 검은 머리를 날리며
인사하네요.
나비도 위로 날았다
아래로 날았다
논둑으로 아이들이 몸을
이리로 흔들고 저리로 흔들며
뛰어오네요.
(1989. 4.)

보기글 4 — 1
나무

5학년 여

나무는 나무는
새싹으로 피어

우리의 마음을 즐겁게
해 주죠.

나무는 나무는
무럭무럭 자라
우리의 듬직한 친구가
되어 주죠.

나무는 나무는
우리의 좋은 친구.

보기글 4 - 2
나무

대구교대 부속 초등학교 5학년 박창환

우리 학교 운동장의
소나무
아버지처럼 믿음직하다.

줄기는 하늘을 찌르고
가지는 사방으로 퍼졌다.

무서운 더위를
혼자서 버티고
태풍이 불어도 끄덕없다.
나도
소나무 같은 사람이 되겠다.

보기글 5 – 1
잠자리

5학년 여

드높은
가을 하늘은
은빛 날개로
빗질하더니,

때때옷
차려 입은 단풍잎과
숨바꼭질하누나.

호수처럼
맑은 하늘로
나들이 가더니

노랑, 빨강 잎을 모아
보고픈 친구에게
소식 전하네.

보기글 5 – 2
잠자리

경북 안동 길산초등학교 6학년 안영숙

저녁때가 되니
잠자리들이
어디서 날아오는지

벌떼 같았다.
한참 동안 바라보니
잠자리는 이상하게도
무용을 하고 있는 것 같았다.
저희들끼리
내가 보는지 몰라서
부끄러움도 없이
예쁘게 무용을 하고 있었다.
동그라미를 그리다가
갑자기 확 날아갔다가
또 모여 들어서
정말로 예쁘게 보였다.
어느 누가 질들였는지
참 예쁘게도
무용을 가르쳤다고
생각했다.
(1977. 6.)

보기글 5 - 3
잠자리

강원 춘성 사북초등학교 3학년 강대현

잠자리는
날았다 앉고
날았다 앉고
잠자리채로 치면
소리 없이 날지요.

그렇지만 한 번
잡히는 날엔
죽기도 하고
꼬리나 날개를
잃기도 하지요.
그래서 잠자리는
눈이 뱅뱅 도는가 봐요.
뒤에서 잡을라 해도
다 알고 달아나는가 봐요.

보기글 6 - 1
눈

6학년 여

눈이 온다, 눈이
새하얀 깃털 같은 눈이

눈이 온다, 눈이
반짝반짝 진주 같은 눈이

눈이 온다, 눈이
예쁜 꽃잎 같은 눈이

새하얀 깃털눈을 모아서
날개를 만들까?
반짝이는 진주눈을 꿰어서
목걸이 만들까?

눈이 온다, 눈이
하얗게 온 세상을 덮는다.

보기글 6 - 2
눈

경북 상주 공검초등학교 2학년 김석님

눈아, 눈아, 오지 마라.
코가 따굽고 입이 새파랗고
발이 얼어서 개룹고
손이 시려서 호호 시려서
장갑이 있어야 한다.
눈아, 눈아, 오지 마라.
(1958. 12. 27.)

보기글 6 - 3
눈

경북 상주 공검초등학교 2학년 김진순

눈이 많이 오니
서로 니찔라고 해서
또 어떤 거는 너 먼저 니쩌
어떤 거는 안 죽을라고
땅에 떨어지면 죽는다고 너 먼저 니쩌
하고 다른 거를 막 떠다 밉니다.
그래 다른 거는 뚝 떨어지니까
소르르 녹으면서 아이구 나 죽네 합니다.

(1958. 12. 27.)

보기글 7 ─ 1
어머니 마음

3학년 여

어머니 마음은
하늘인가 봐

높고 높은
은혜를 베풀어 주시니까.

어머니 마음은
바다인가 봐.

깊고 깊은
사랑으로 감싸 주시니까

어머니 마음은
따뜻함으로 가득 찼나 봐.

넓고 넓은 품에 안기면
이불처럼 포근하니까.

어머니 마음은
행복으로 가득 찼나 봐.

언제나 환한 웃음을
띠고 계시니까.

보기글 7 – 2
엄마의 발

경북 울진 온정초등학교 4학년 엄재희

우리 엄마는 발이 부르텄다.
꾸덕살이 떨어진다.
엄마는 논도 썰고
밭도 갈고
밭 매고
소죽도 끓인다.
일하러 갔다가 오면
그대로 누워 잔다.
발 씻으라 하면
싫다 한다.
나는 엄마의 발을 보면
눈물이 날라 한다.

보기글 7 – 3
모내기와 엄마

경북 경산 부림초등학교 5학년 손보영

그냥 엄마, 엄마, 한 번 불러 보면
대답은 역시 없고
문을 열면 역시

보자기로 덮어 놓은 밥상이 있다
엄마는 매일매일 몸이 아파도
모 심으러 간다.
비가 와도 비닐을 쓰고 간다.
옷이 흠뻑 젖은 몸으로
피곤한 몸으로 집에 온다.
"엄마, 모 다 심었나?"
"아직 많이 남았다."
"엄마, 모 심지 마라."
"안 심으면 밥이 입에 더 가나."
엄마는 힘없이
또 남의 모 심으로
집을 나선다.
(1989. 6. 9.)

보기글 7 - 4
엄마 발

경북 경산 부림초등학교 5학년 김병찬

엄마가
양말을 신었는데
양말이 안 벗겨졌다.
우리가
억지로 벗겨 보니
엄마 발이 몹시
띵띵 부었다.
엄마 발은

띵띵 부었지만
발이 이쁘고
뾰쪽구두 신은 발보다
펑퍼짐하지만
엄마 발이 더 좋다.
(1989. 12. 22.)

보기글 8 - 1
산

5학년 여

봄 오면
즐거운
산

돈 없이도
옷 생기는
산

산은
어디서 고렇게
예쁜 옷 생길까?

산으로
달려가 고운 그 옷
빼앗고 싶습니다.

봄 오면
즐거운
산

나도
산처럼
저리도 예쁜 옷
가지고 싶습니다.

보기글 8 - 2
산

경북 상주 청리초등학교 3학년 박선용

먼 하늘 밑에는
삐쭉삐쭉한 할아버지 산들이 있고
할아버지 산 밑에는
아버지와 어머니 산들이
할아버지 산들을 따라가고
그 밑에는
누나와 오빠 산들이
막 뛰놀고 있다.
(1963. 5. 18.)

보기글 8 - 3
산

경북 안동 대곡분교 3학년 정창교

산은 하늘에 대는 것 같다.
산은 이 등 저 등 다 하늘에 댄다.
내가 하늘에 올라갈라고 등에 올라가면
파란 하늘이 한없이 높다.
구름이 가면 파란 풀잎들이
같이 가자고 손짓을 한다.
(1970. 5. 12.)

위와 같이 좋지 않은 시와 좋은 시를 견주어 보고, 다음에는 좋지 않은 시와 좋은 시 여러 편을 섞어 놓고 아이들 스스로 구별해 보도록 하면 좋은 시가 어떤 것인지 잘 알게 될 것이다.

시 지도에 앞서 알아 둘 일

시를 지도하는 교사는 자신도 모르게 어떤 경향성을 띤 시를 좋아하게 되는 경우도 있다. 이 때 자칫하면 이런 교사의 취향이 아이들에게도 심어져서 교사가 좋아하는 시를 아이들이 본떠서 쓰게 되는데, 그것은 아이들의 개성을 죽이게 되는 일이니 조심해야 할 일이다. 아이들 나름대로 개성을 살려 자유스럽게 시를 쓰도록 하자면, 교사 자신이 몇 가지 원칙을 마음에 정해 놓고 창의성을 살려 지도하는 것이 좋겠다.

다음은 이오덕 선생님이 제시한 시 지도의 몇 가지 원칙이다.

① 아이들 세계의 다양함을 이해하고 인정할 것.
② 따라서 지도 방법도 다양하고 창의적이어야 한다.
③ 그러나 현재의 잘못된 교육으로 길들여진 거짓시 만들기와 흉내내기 놀음의 동시 짓기는 철저하게 비판해야 하며, 시 지도도 이런 비판에서 시작해야 한다.

④ 시를 머리로 짜서 맞추는 짓은 하지 않도록 한다.
⑤ 개념의 말을 쓰지 말고, 상투에서 벗어나게 한다.

　지도 교사의 마음이 바로 섰으면 지금까지 잘못된 방법으로 길들여온 것을 완전히 지워 없었던 것으로 생각하고 새로 시작하는 마음이 되도록 아이들을 잘 이해시켜야 한다.
　그러면서 조용하고 안정된 분위기를 만든다. 무엇보다 마음의 부담감이 없도록 해야 한다. 나는 평소 수업을 시작하기에 앞서 시 한 편을 읽어주고 잘 된 점을 이야기해 주기도 하고, 아침 자습 때 칠판에 시 한 편을 적어 놓고 자기 나름대로 감상을 적어 보도록 하고 있다(자세한 내용은 〈살아 있는 교실〉 이호철, 보리, 202~208쪽에 썼다).
　그리고 시 쓰기에 바로 앞서 시에 대한 흥미를 불러 일으키기 위해 쉽고 감동이 있는 또래 아이들의 좋은 시들을 몇 편 읽어 주면서 어떤 점이 좋은가 조금씩 이야기해 준다.

　아이들에게 읽어줄 시는 다음과 같은 책에서 고를 수 있다.

〈일하는 아이들〉 이오덕 엮음, 보리
〈나도 쓸모 있을걸〉 이오덕 엮음, 창비
〈어린이 시 지도〉 요시다 미즈호 지음, 이오덕 엮음, 온누리
〈물또래〉 임길택 엮음, 종로서적
〈큰길로 가겠다〉 이호철 엮음, 한길사
〈비오는 날 일하는 소〉 이호철 엮음, 산하
〈우리 모두 시를 써요〉 이오덕 지음, 지식산업사
〈어린이 시 이야기 열두 마당〉 이오덕 지음, 지식산업사

　또, 우리 주위의 모든 것들을 사랑의 눈으로, 따뜻한 마음의 눈으로

보도록 하자. 자신이 발에 채는 돌도 되어 보고, 나무도 되어 보고, 강아지도 되어 보도록 하자. 병든 강아지, 길거리에서 구걸하는 거지 할아버지, 아무렇게나 버려진 신발 한 짝 따위와 더욱 가까운 동무가 되도록 하자. 또 그 모든 것들의 소리를 듣도록 하며 이야기도 나누어 볼 수 있도록 하자.

정말 고양이가 '야옹야옹' 울까? 정말 돼지는 '꿀꿀' 울까? 정말 꽃들은 '방글방글' 웃기만 할까? 우리가 보통 생각해온 개념을 깨부수고 새로운 눈으로 보고, 새로운 귀로 들어야 한다는 것을 일깨워 주자.

시 쓰기 지도 일곱 단계

지금까지 실제로 시 쓰기 지도를 하기에 앞서 알아 두어야 할 여러 가지를 생각해 보았다. 진솔한 글은 참 사람을 만들고, 참되게 사는 사람에게서 모든 사람들에게 감동을 줄 수 있는 시가 나온다는 것을 다시 한 번 생각하면서 내가 해온 시 쓰기 지도 방법을 소개하기로 한다.

1. 무엇을 쓸까 찾아 보기

어제와 오늘 사이(아주 가까운 시간)에 겪은 여러 가지 일들을 되살려서, 쓸 거리가 될 만한 것들을 찾아 적어 보게 한다.

쓸 거리는 먼 데 있는 것이 아니다. 자기의 생활에서 겪고, 보고, 생각한 것들 가운데 언뜻언뜻 새롭게 머리를 스치는 것들이 바로 쓸 거리가 된다. 그런데 쓸 거리를 머릿속으로 생각해 두기만 해서는 제대로 붙잡지 못한다. 마치 뜬구름을 잡는 일과 같기 때문이다. 그래서 될 수 있는 대로 자세하게 나누어서 생각나는 대로 적어보게 해야 한다.

□ 한 일 ; 담배 엮기, 고추 따기, 밭 매기, 양파 뽑기, 아기 보기, 청소, 시험, 숙제, 심부름 따위.
□ 놀이 ; 물놀이, 공깃돌놀이, 말타기, 30칸 마루, 제기차기, 밀서리하기 따위.
□ 본 일 ; 송아지, 옆집 할머니, 거지 아주머니, 아버지의 논갈이, 포장마차, 도둑 고양이, 감홍시 따위(우리들의 생활에서 본 것이 제일 많다).
□ 들은 일 ; 할머니 어렸을 때 이야기, 역사 이야기, 옛날 이야기, 공장에 간 언니 소식, 매미 소리, 바람 소리, 물 소리 따위.
□ 생각한 일 ; 답답한 마음, 나의 소원, 나는 커서 무엇이 될까?, 하늘에 계시는 우리 아버지.
□ 그 밖의 다른 일.

또 사물, 자연(동식물), 사람, 사회의 여러 가지 일 따위로 나누어 찾아보는 것도 좋겠고, 나, 우리 집, 이웃, 우리 마을, 우리 고장, 우리나라, 세계의 일로 넓혀 가며 사물, 자연, 사람, 사회의 일로 나누어 찾아보는 것도 좋겠다. 찾을 때는 풀숲에서 잃어버린 구슬을 찾듯이 해야 한다.

더 좋은 방법은 생각 주머니(수첩)를 언제나 가지고 다니면서 그때그때 번개같이 새롭게 느낀 것들을 적어 두는 것이다. 적을 때는 좀더 깊이 관찰하여 여러 가지로 느낀 것들을 더 적어 두면 좋겠다. 이 방법은 모든 것을 볼 때 예사롭게 보아 넘기지 않고 좀더 깊이 생각하는 습관과 능력을 길러 주기도 해서 매우 좋은 방법이다. 하지만 아이들이 스스로 열심히 하지 않는 경우가 더 많아서 두 주에 한 번 정도로 적는 방법을 지도해야 한다.

이보다 더 좋은 것은 실제로 겪어 보는 것이겠지, 그것도 시늉이 아니라 진짜 땀 흘리며 일을 해 보는 것말이다.

2. 가장 감동 있는 글감 고르기

쓸 거리 찾기에서 나온 여러 가지 일 가운데서 가장 또렷하게 마음에 남아 있는 것을 하나 고르게 한다.

어느 것을 글감으로 고르더라도 그 때 그 감흥을 그대로 불러일으킬 수 있는 능력이 있다면 굳이 이런 일은 필요 없는 것이겠지만, 보통 아이들, 더구나 저학년 아이들은 마음에 남아 있는 감동적인 일을 고르지 못하는 경우가 많다. 흔히 순간의 감흥을 잡을 수 있는 일보다는 막연하게 많이 겪었던 일을 글감으로 고르는 경우가 많다. 그래서 위와 같은 두 과정을 거쳐 보도록 하는 것이다.

고를 때는 찾아 놓은 쓸 거리에 대해서 하나하나 그 때 그 일로 조금씩 겪어 보도록 해야 한다. 그래야만 어느 것이 가장 감동이 있는 글감이냐를 찾아내게 된다.

교과서의 동시를 흉내내거나, 머리로 짜 맞추는 시를 써 왔던 아이들에게는 먼저 가장 괴로웠던 일, 가장 슬펐던 일, 가장 걱정스러웠던 일, 가장 신기하고 놀라웠던 일 따위와 같이 진정으로 쓰지 않고는 참을 수 없는 일을 잘 골라 보도록 하는 것이 좋겠다.

그래도 글감 고르기를 제대로 못 하는 아이나, 글감을 하나 골랐다 하더라도 감동이 있는 시가 나올 수 없다고 생각되는 글감을 고른 아이에게는 스스로 잘 고르는 능력이 길러질 때까지 골라 주는 것이 좋다. 물론 아이의 이야기를 잘 들어 본 뒤에 신중하게 골라 주어야 한다.

3. 또래 아이들 시 맛보기

같은 또래 아이들이 쓴 본보기 글을 여러 편 들려준다.

이 때 본보기 글은 같은 또래의 쉽고, 삶이 있고, 진실한 마음이 담긴 글이어야 한다. 그리고 글을 쓸 때는 절대로 본보기 글을 흉내내어서는 안 되며, 사람마다 개성을 살려야 한다는 것을 강조해야 한다.

본보기 글을 들려줌으로써 그런 시가 더욱 좋은 것이구나, 쉽구나, 나도 쓸 수 있겠구나 하는 자신감을 가질 수 있도록 해야 하고, 시는 그렇게 쓰는 것이로구나 하는 것을 한 번 더 확실하게 심어 주어야 한다.

4. 마음과 몸짓으로 다시 겪어 보기(구상)

그 때 그 느낌(감흥)을 생생하게 되살려 낼 수 있도록 골라 놓은 쓸 거리에 얽힌 일을 마음으로, 또는 행동으로 끝까지 겪어 보게 한다.

보통 어떤 일을 하고 난 한참 뒤에야 글을 쓴다. 그래서 지나간 일에서 스쳐갔던 감흥을 되살려 내려면 조용히 눈을 감고 그 때 그 일로 돌아가 겪어 볼 수밖에 없다. 그렇지 않으면 또 억지로 짜 맞추어 내는 잘못을 저지르게 된다.

이를테면 어제 밭 맨 일이 가장 감동 있는 일이라 생각되어 '밭매기'란 제목으로 시를 쓰려고 한다면, 호미를 들고 집을 나설 때부터 땀 흘리며 밭 매고 집으로 돌아올 때까지 했던 일, 모습, 표정, 느낌, 생각, 중얼거렸던 말(혼자말), 대화, 자기도 모르게 튀어나왔던 말 따위를 지금 밭매기를 하듯 세밀하게 겪어 생생하게 되살려 내어야 한다.

다음에 내보이는 시는 흔히 시 같지 않다고 말할 것이다.

종아리

4학년 남

내가 석이, 욱이, 성열이, 성운이
아이들을 많이 데리고 왔다고

할매가 꼬장대기 가지고 온나
이 종내기야, 와 아들 데리고 오노.
내가 할매예 한 번만 봐주이소 하니
할매가 아이구 내가
이런 아들 데리고 사는 것보다야
거지를 데리고 사는 게 낫지 하면서
작은 꼬장대기로 종아리를 때렸다.
나는 아, 아, 하면서 빌었다.
그러니 할매가
아이구 이 종내기들
우예 데리고 사노 하시면서
종아리를 때렸는데
약을 살살 발라 주었다.
할매는 잘못 없다.
우리가 아들 데리고 와서
저지레를 했기 때문에
할매는 잘못 없다.
난 할매가 우리를 때려도
난 할매가
우리하고 살면 좋겠다.
(1990. 5. 3.)

이 시를 쓴 아이는 공부를 아주 못 한다. 그리고 3학년 때 아버지와 싸운 어머니가 집을 나갔고, 아버지도 멀리 다른 곳에서 공장에 다니기 때문에 자주 못 온다. 그러니 부모를 그리는 마음이 얼마나 크겠나. 할머니와 사는데 장난기가 많아 집에 아이들을 많이 데리고 와 놀면서 액자 유리도 깨고, 방도 형편없이 어지럽혀 놓고 자주 여러 가지 저지레를 했던 모양이다.

　내가 보기에는 그런 대로 시가 되었다고 보는데, 시가 되었건 안 되었건 그건 접어 두자. 나는 이 아이가 시 쓰기에 앞서 '겪어 보기' 하는 것을 눈여겨 보았다. 혼자 눈을 지그시 감고 할머니가 화나서 한 말을 되풀이하면서, 그 때의 표정까지 지으면서 나무 막대기로 때리는 시늉을 실감나게 하는 것은 물론, 자신이 맞을 때 '아, 아' 소리를 내면서 종아리를 만졌다가 두 손 모아 싹싹 비는 모습까지 나타내었다. 다른 아이들이 킥킥거리며 웃어도 모르고 그 짓을 다 하고 난 뒤에 시를 쓰는 것이다.

　이처럼 그 때 그 일로 돌아가면 지금의 나는 없어지는 것이다(그래도 시를 쓸 때는 지금의 내 생각이 들어가게 된다). 여기서 나는 그 때 자기도 모르게 중얼거렸던 말들을 찾아내는 것을 매우 중요하게 생각하는데, 겪어 보기를 잘 하면 그 때 중얼거렸던 그 감흥을 찾아낼 수 있을 것이다. 그것이 가장 정직한 마음이다. 그러나 그 때의 감동적인 장면을 찾아내었더라도 말로 나타내지 못하는 아이들이 많이 있는데 이런 때는 앞의 아이처럼 직접 행동으로 나타내어 보도록 하는 것이 좋다.

　예를 하나 더 들면 송아지가 금방 태어나 잘 서지를 못하고 넘어지는 것을 보고도 그것을 자기 나름대로 알맞은 말로 나타내지 못하는 아이가 있어서 "네가 송아지가 되어 행동을 한 번 해 봐라." 하고 말했더니 그 아이는 송아지 시늉을 해 보이면서 이렇게 말했다.

　"일어설라꼬 다리를 이래 덜덜 떨다가, 이카면서 앞으로 팩 꼬시어졌니더."

그래 바로 그대로 적어 보라고 했더니

　'일어섰나고 다리를 들들 들다가 아푸로 베꼬시어전다.' (일어서려고 다리를 덜덜 떨다가 앞으로 팩 꼬시러졌다.)

라고 썼다. '팩 꼬시러졌다'는 '픽 거꾸러 쓰러졌다'는 뜻의 이 지방 말인데 이보다 더 알맞은 말이 없을 것이다.

　그런데 이 겪어 보기를 억지로 해서는 안 된다. 실타래가 풀려 나오 듯이 저절로 술술 풀려 나오도록 앞의 아이처럼 그 때 그 일에 푹 빠져야 한다.

　때로는 비오는 날 밖에 나가 보거나, 민들레 홀씨를 날려 보는 따위의 경험을 직접 해 보고 그 자리에서 바로 시를 써 보도록 하는 것도 괜찮겠다.

5. 감동을 되살려 시 쓰기

‘겪어 보기’ 단계에서 떠올랐던 그 감흥이 깨어지지 않게 쉬지 않고 바로 이어 차례대로 자세하게 써 내려가도록 한다.

　쓰다가 멈춰서 다른 생각을 하게 되면 떠올랐던 감흥이 깨어져서 다시는 떠오르지 않을 수도 있다. 그러므로 쓸 동안에도 자기가 겪고 있는 그 일 속에 깊이 빠져 들어가 있는 것이 좋다. 그리고 자세하게 쓴다는 것은 그 일을 설명하는 것이 아니라, 마음의 움직임을 빠뜨리지 말고 자세하게, 생생하게 잡아 쓴다는 것이다. 그러니까 필요 없이 설명하는 말은 넣지 말고, 말을 아껴서 꼭 해야 할 말만 써야 한다. 그러나 그것에 너무 마음 쓸 필요는 없다. 왜냐 하면 쓴 것을 다시 읽어서 고칠 때 살펴보도록 하면 되기 때문이다.

　시를 여러 번 써서 ‘시란 이런 것이로구나’ 하고 어느 정도 바르게 알았을 때, 고학년 같으면 자신이 시를 통하여 나타내고자 하는 마음 속의 초점을 생각해야 한다. 그리고 그것을 강하게 감동받을 수 있도록 겪은 사실 가운데서도 꼭 필요한 사실만 골라 표현할 수 있도록 지도해야 된다고 본다.

6. 고치고 다듬기

다 쓴 다음, 부족한 것은 보충하고, 맞지 않는 것은 고치고, 필요 없는 것은 빼어 버리고, 또 다듬어서 한 편의 시를 완성하게 한다.

무엇이든지 형식에 맞추느라 애쓰다 보면 내용이 충실치 못하게 된다. 따라서 시 고치기도 먼저 내용을 충실히 고치고 난 다음에 형식을 고쳐야 내용을 다치지 않고 충실하게 나타낼 수 있다.

먼저 다 쓴 시를 다시 한 번 찬찬히 읽어 보며 충실치 못한 곳이 어디인가 알아 보고 그 부분 부분을 자세하게 겪으면서 미처 떠올리지 못했던 감흥을 살려 보태어 적는다. 다른 사람이 보았을 때 무엇을 썼는지 알 수 없겠다 싶은 곳은 없는가, 확실하지 않은 표현은 없는가, 사실과 맞지 않는 곳은 없는가, 자기의 말, 꼭 맞는 말로 썼는가도 살펴서 고쳐 적는다. 그리고 다시 한 번 읽어 보며 전체의 내용이 질서가 있는가 살펴보며 고친다.

이렇게 내용을 충실히 보태어 적고 난 뒤에 같은 말이나 비슷한 말이 쓸데없이 되풀이되거나 어떤 말을 빼어 버려도 뜻이 통할 때는 그 말을 빼어 버린다. 빼어 버리는 것은 몇 줄일 수도 있고 한 줄, 낱말일 수도 있고, 글자 한 자일 수도 있다. 빼어 버리거나 고쳐 적을 때는 지우개로 지우지 말고 붉은 볼펜으로 기호를 써서 고치게 하는 것이 좋다. 이렇게 하면 고치기 전과 후를 견주어 볼 수 있어 좋다. 또 아이들은 흔히 고쳤다는 것이 오히려 처음에 쓴 것보다 더 못하게 고치는 수도 있기 때문에 그 때는 처음에 쓴 것을 다시 살려 넣을 수도 있다. 시를 쓸 때도 그렇지만 고치기 할 때 교사가 좋은 작품에만 욕심을 부려서 강조하다 보면 아이들이 억지로 만들어서 보태어 적을 수도 있기 때문에 마음에 짐이 되게 해서는 안 된다. 좀더 충실하게 고치고 다듬으려면 먼저 대충 필요 없는 내용은 빼어 버리고 난 다음에 보태어 적고, 다시 필요 없는 것을 빼어 버리는 방법으로 해도 좋겠다.

형식면으로는 바르게 쓰기, 띄어쓰기, 월점 찍기 따위를 살펴 고치고, 줄은 알맞게 끊었는가, 연 나누기는 잘 되었는가를 보고 고치도록 한다. 줄이나 연을 꼭 나누어야 한다는 원칙은 없으니까 너무 강조하지 말아야 한다. 고학년 같으면 글의 내용을 좀더 살려 준다는 생각으로 했으면 좋겠다. 또 자연스럽게 아이들의 입에서 나온 사투리를 억지로 표준말로 바꾸지 않아야 한다. 이렇게 내용과 형식을 아이들 스스로 고치고 다듬은 뒤에 다시 읽어보고 마무리짓게 한다.

고치기의 본보기가 될 만한 시를 몇 편 칠판에 적어 놓고 같이 고쳐 보는 것도 좋은 공부가 된다.

한 마디 더 덧붙이자면, 다 쓴 시를 하루나 이틀쯤 그대로 두었다가 다시 한 번 살펴보고 고칠 것이 있으면 고쳐 보도록 하는 것도 좋다. 그 감흥 속에서 빠져나왔을 때는 객관적으로 시를 맛보고 비판할 수 있기 때문이다. 글 고치기도 학년에 맞게 해야 한다.

7. 다시 읽고 맛보기

자신이 쓴 시를 여러 동무들 앞에서 낭독하고 서로 잘 된 점을 찾으며 자기의 시와 견주어 보도록 한다.

자신이 쓴 시를 소리내어 읽게 해서 동무들과 지도 교사로부터 잘 된 점과 고쳤으면 싶은 것이 무엇이라는 것을 잘 들어 다시 생각해 보게 하고, 동무들의 시와 견주어 보게도 한다.

시를 감상할 때는

① 감동 받은 점이 무엇인가?
② 가치 있는 삶이 나타나 있는가?
③ 꾸밈없이 진솔하게 썼는가?
④ 글쓴이가 보고, 겪고, 생각하고, 느낀 점을 가장 잘 표현한 것은 어

떤 것인가?

따위를 찾아 보면서 감상하도록 하는 것이 좋겠다. 더 나아가

① 생활에서 나온 새로운 말, 새로운 생각의 표현이 잘 된 부분 찾기.
보기
□ 아기를/ 방에 재워 놓고 나니까/ 등때기가 없는 것 같다.
□ 나무 작대기를 가지고/ 무지개에 대면/ 작대기에 무지개가 묻는다.
□ 내 마음엔 내가/ 떡가래를 막 먹는 것 같다.
□ 뜨럭 밑에 있는 풀을 뽑아 보니/ 고개 개미가 많이 들었습니다. / 근
질근질하게 들었습니다.
□ 빌 지기는/ 설설거다가/ 넘어갈라 할 지기는/ 짜닥닥거다가/ 땅에
댈 때는/ 콰당탕건다. / 내가/ 멀리 있어도/ 칭기는 것 같다.
□ 산은 언제나 마음을 하나 하나 한 마음을 가지고 가만히 앉아 있다.
□ 하늘은 지가 대통령이다고/ 생각하였습니다.

② 놀라움이나 신비함의 표현이 잘 된 부분 찾기.
보기
□ 제비꽃이 우예 조르크룽 피었노?/ 참 이쁘다.
□ 활짝 핀/ 오동꽃/ 지붕보다 높으게/ 올라갔구나!
□ 이슬이/ 코스모스 잎사귀에/ 두 줄로 졸로리 있다. / 손가락으로 건
드리니/ 낭랑랑 떨며/ 땅에 떨어져서/ 흙같이 팍삭 깨졌다.
□ 뱀밥이 나왔다. / 조그마한 게 하나 나왔다. / 따스해서/ "난 나가여"/
하고 나왔을까?
□ 저런/ 어제 학교에 안 갔더니/ 하마 이키나 민들레가 피었어.
□ 어,/ 올챙이/ 발이 나왔네./ 올챙이는/ 뱃속에/ 발을 감춰 뒀지.

따위도 해 보면 좋겠다.

교사는 칭찬할 것은 크게 칭찬해 주고, 좀더 생각해 보아야 할 점은 부담감을 갖지 않게 한 마디씩 해 주는 것도 잊지 말아야 한다. 또 아이들 가운데 개별 지도가 필요한 아이도 찾아 놓는다.

자신감을 심어준 시 쓰기 개인 지도

1. 암호문 같은 글(처음 쓴 시)

다음 글은 학급 전체 아이들을 상대로 지도하여 써 낸 글들 가운데 지진아의 글을 골라 보인 것이다. 나는 먼저 이 아이를 개별 상담 지도를 통하여 한 편의 글을 완성하고 성취감을 맛보게 할 작정을 했다. 물론 개별 지도를 이 아이 한 명으로 끝내려던 것은 아니었다. 꾸준히 한 어린이씩 우선 열 명 정도 지도하기로 목표를 세우고, 자기의 능력으로 글다운 글을 한 편 써 보았다는 만족감을 갖게 할 작정으로 시작했다.

송아지

어미가 움마움마 하들이
송아지가 나왔다.
환양그이 나오자 송아지가
그것을 먹자 조금 이어니 송아지가
그냥 이어섰웁니다
송아지는 저을 빠아 먹어다
어미는 해바닥 송아지의 군디
한터 주었다.

어떻게 보면 암호문 같으나 나는 그 아이의 놀라운 경험을 금방 깨달을 수 있었고, 잊히지 않았을 그 장면의 감동을 상상할 수 있었다. 교사로서 바로 이 아이의 그 감흥을 자연스럽게 살려 내도록 거드는 일을 시작했다.

2. 아이와 머리를 맞대고(첫 번째 상담)

"진수는 이번에 시를 아주 생생하게 잘 썼어. 좀더 잘 쓰기 위해 우리 이 때의 일을 이야기해 보자. 내가 묻는 말을 수줍어하지 말고 말해 봐. 어미가 새끼를 낳을 때 그냥 움마움마 하고 울기만 했니?"

"아입니더, 어미가 움마움마움마 카디마는 못 살다고 막 움직이디더."

"그래? 왜 그랬을까?"

"막 아파갖고 그런 깁니더."

"그럼 이제 이야기한 대로 한번 써 봐"

(글) 어미가 움마움마
못살다는들이 우지기다

"하얀 것이 나와서 송아지가 먹었는데 정말 송아지가 먹던?"

"아입니더, 어미가 먹었니더."

"그런데 여기는 이렇게 썼잖아. 어미 소가 먹었다고. 어디 바르게 고쳐 볼까?"

(글) 흰양그이 나오자 어미가 먹어다

"송아지 모습이 어땠지?"

"온 몸이 다 젖었니더."

"그래, 그 말도 써 넣자."

(글) 송아지의 몸은 다 젖저다.

"송아지는 어떻게 움직였지? 낳자마자 하던 짓을 이야기해 봐"
"넘어졌니더."
"좀더 내가 잘 알아듣게 그 모습을 자세히 말해볼 수 없을까?"(좋은
표현이 없는지 고개를 갸웃거리고, 얼굴을 붉히며 망설이더니 어디
흉내를 내 보라니까 그제서야 몸짓과 말을 섞어서 이렇게 이야기했
다.)
"일어설라꼬 다리를 이래 덜덜 떨다가, 이카면서 앞으로 팩 꼬시러졌
니더(쓰러졌다는 뜻)."
"바로 그거다. 또 없니?"
"또 일어설라 카다가 팩 꼬시러지데요."
"잘 이야기했다. 그 말대로 한번 써 봐."

(글) 일어섰나고 다리를 들들 아푸로 베꼬시어전다.
또 이어서라 하다가 베꼬시에전다.

"그 때 어미는 어떻게 하고 있었지?"
"새끼가 빨리 지 혼자 일어서기를 바래는 것 같던데요."
"잘 봤어. 그렇게 써 봐."

(글) 어미는 빨리 이어서기를 바레다.

"또 어미가 하는 짓은 없었니?"
"햇바닥으로 핥아 조요."

"새끼가 일어서니까?"
"송아지가 일라서라꼬요."
"그럼 그대로 써 넣어 봐."

(글) 또 해바닥으로 하터주다.

"그러니까 일어섰니?"
"예, 송아지가 힘이 나갖고 자꾸 일어설라꼬 하디더."
"얼마만에 섰니?"
(떠는 흉내, 젖빠는 흉내를 내면서) "한참 있다가 벌벌 떨면서 일어서
더니 어미 젖을 쪽쪽 빨았어요."
"그 참 보기 좋았겠구나. 그지? 그래, 그것 빼놓을 수 없지, 안 그
래?"
"예."

(글) 송아지는 힘이 나서 자구 일어서라 한다.
한차 이다가 송아지가 들면서 이어서들이 저를 족족 빠라다.

"그러니까 어미가 어떻게 했니?"
"어미는 기뻐서 자꾸 새끼 몸을 햇바닥으로 핧아 조요, 궁디요." (웃는
다.)
(나도 같이 웃어주며) "그대로 써라, 본 그대로."

(글) 어미는 기쁜서 자구만 해바닥으로 군디를 하터 주었다.

"아이고, 우리 진수 수고했다. 한번 읽어 봐라."
(읽는다.)

(여러 가지 말로 격려해 주고 나서) "그렇지만, 네가 썼지만 좀 읽기
힘들지? 그것은 바르게 적지 못해서 그래. 내일 다시 이 글을 맞춤법
에 맞게 고치는 공부를 해 보자, 응?"
(자신감 있게 웃으며) "예."
일차 상담으로 보완한 글의 내용은 다음과 같다.

송아지

어미가 움마움마움마
못살다는 들이 우지기다.
송아지가 나왔다.
흰양그이 나오자 어미가 먹어다
송아지의 몸은 다 젖저다
이어섰나고 다리를 들들 들다가
아푸로 베꼬시어전다.
또 이어서라 하다가
베꼬시어전다.
어미는 빨리 이어서기를 바레다
또 해바닥으로 하터주다.
송아지는 힘이 나서 자구
이어서라 한다.
한차 이다가 송아지가 들며서
이어서들이 저을 족족 빠라다
어미는 기쁜서 자구만 해바닥으로
군디를 하터 주었다.
(띄어 쓴 상태가 명료하지 못해서 교사가 추측하여 정리한 것임.)

3. 칭찬을 아끼지 않고(두 번째 상담)

이튿날 다시 가벼운 마음으로 교무실에서 서로 만났다.

"잘 썼는데, 진수. 한번 읽어 볼래?"(서슴없이 읽었다)

"잘 읽는데!"(가까이에서 듣던 선생님들도 아낌없이 칭찬했다. 진수는 매우 기분 좋은 낯빛을 했다.)

"오늘은 틀린 글자나 말을 한번 바로잡아 보자, 응?('들이'라고 쓴 곳을 지적하며) 이거 뭐라고 쓴 거지?"

"듯이"(여기서 '들이'와 '듯이'의 쓰는 법, 쓰임의 다른 점, 읽는 법까지 구별해서 설명해 주었다.)

이렇게 하다 보니 맞춤법 공부가 되었고, 시간이 많이 흘러 작품은 완성하지 못했다. 그러나, 나는 이런 일을 비능률이나 시간 낭비로 여기지 않는다. 어차피 지진아를 위한 개별 지도 시간은 필요한 것이고, 이 글쓰기 개별 지도는 지진아 지도도 겸하고 있기 때문이다. 그 날은 또 그 정도로 만족하고 아이를 돌려 보냈다.

4. 나도 시를 쓸 수 있다(마무리 상담)

지도 사흘째. 전날 쓴 것을 꺼내 놓고 정서를 시켰다. 빨간 글씨로 험하게 교정된 것을 진수가 들여다보면서 정리했으나, 정리한 글의 띄어쓰기가 제대로 되지 않았다. 띄운 건지 붙여 쓴 건지 분간이 되지 않는 까닭은 원고지에 쓰지 않은 탓이리라. 그래서 스스로 다시 소리내어 읽어 가면서 말 소리가 끊어지는 곳마다 띄움표를 하도록 했다. 그러니까 거의 분명하고 근사한 문장이 되었다. 그리고 온점(다른 월점까지 요구할 계제가 아니므로, 최소한으로 필요한 월점만)을 찍어 보도록 찍을 자리를 암시하며 지도했다. 글을 쓸 때는 꼭 바르게 쓰기, 띄어쓰기, 월점 찍기를 버릇처럼 할 수 있어야 한다고 말했다.

완성된 글은 다음과 같다.

송아지

어미가 움마움마움마
못 살다는1) 듯이 움직였다.
송아지가 나왔다.
하얀 것이 나오자 어미가 먹었다.
송아지의 몸은 다 젖었다.
일어설라고2) 다리를 들들 떨다가
앞으로 팩 꼬시러졌다.3)
또 일어설라 하다가
팩 꼬시러졌다.
어미는 빨리 일어서기를 바랬다.
또 혓바닥으로 핥아 준다.
송아지는 힘이 나서 자꾸 일어설라 한다.
한참 있다가 송아지가 떨면서
일어서더니 젖을 쪽쪽 빨았다.
어미는 기뻐서 자꾸만 혓바닥으로
궁둥이를 핥아 주었다.

1), 2), 3)은 각각 '못 살겠다', '일어서려고', '픽 거꾸러 쓰러졌다'에 해당하는 이 지방 사투리인데, 이런 사투리를 굳이 고치도록 하지 않았다. 어떤 면에서 이런 말투가 이 어린이 시의 진솔한 감정을 드러내고 있어 이를 표준어로 고치는 것은 시를 파괴하는 결과가 될 것이기 때문이다.

나는 표준어 지도는 다른 자리, 다른 기회에 해야 하며, 사투리가 철저히 추방되어서도 안 된다는 신념을 갖고 있다.

　지금까지 말한 개인 지도 과정 역시 일반적인 지도 과정의 범주에서 벗어나지 못했다. 그렇지만 나는 글쓰기 지도에, 아이들은 글쓰기에 자신감을 가졌다는 것만으로도 조금은 만족감을 얻었다. 물론 그 지도 과정에서 나타나는 부분적인 결점은 그때 그때 보완해서 지도해야 한다.

　또한 개별 지도 결과 나타난 작품은 지도 교사의 용의주도한 의도에 따라 완성된 것이라는 비판을 면할 수 없다. 그러나 중요한 것은 이 작품이 그 아이의 창작품으로서 훌륭한 가치를 인정받고자 함에 있는 것이 아니고, 아이로 하여금 '나도 시를 쓸 수 있다' 는 자신감을 심어 주는 데 있으며, 이런 지도 과정이 결국 이런 아이들에게도 시를 쓸 수 있게 할 것이라고 나는 믿고 있다.

　무엇보다도 '바로 그 때 그 순간의 감흥을 불러 일으켜 속임없이 진솔하게 기록할 수 있는 능력' 을 우선 키우고, 그것이 곧 글쓰기의 첫걸음이 되는 자세임을 알고 순간마다 잡히는 감흥을 놓치지 않는 태도를 가꾸고 싶은 것이 지도 교사로서 나의 소망인 것이다.

　시와 산문을 구별하는 지도까지 지진아에게 요구하는 것이 너무 무리하다고 느껴지기 때문에 예시된 바와 같은 글이 되는 것으로 우선 만족해 본다.

　진수와 같은 많은 아이들을 모두 골고루 끈질기게 지도하기를 다짐하면서, 그리고 진실한 마음을 실천에 옮기는 사람이 될 것을 소망하면서.

아이들과 함께 맛보고 싶은 시

　어떤 학급 문집을 보면 한 반 아이들의 시가 모두 비슷비슷하게 닮아 있는 경우가 있다. 그것은 아이들의 개성을 마음껏 살려주지 못하고 지도 교사의 입맛에 맞는 글만을 들려 주거나 읽게 하고 쓰게 하기 때문이라고 본다.

나 스스로 그런 문제를 조심하면서 지도하느라고 했는데도 여기 내보이는 시들 또한 그런 경향성을 띤 작품이라는 비판을 면할 수 없을 것 같다. 그런 점을 감안하면서 시를 맛보면 좋겠고, 시에 따라서는 모자라는 부분도 있으리라 보는데 그런 점을 마음에 두고 보면 좋겠다.

아울러 나름대로 글평을 덧붙여 보았다. 읽는 분들이 비판적인 눈으로 살펴보고 아이들을 가르칠 때 활용하면 좋겠다.

1. 자연과 동식물에 대한 시

아이들은 자연이든 동물이든 어떤 것이든 따로 생각하지 않고 사람과 한몸같이 생각한다. 그래서 언제나 따뜻한 마음으로 그것들을 대하고, 쉽게 한데 어울린다. 그렇지 않은 아이가 있다면 말할 것도 없이 그것은 어른 탓이다. 그래서 자연이나 동물을 본 대로, 느낀 대로 쓰도록 하면 모두 훌륭한 시가 되는 것이다.

한 걸음 더 나아가 다른 사람들보다 남다른 사랑과 정을 가지고, 동물의 처지가 되어 보고, 동물들의 이야기를 듣고, 이야기를 나누면서 마음의 눈을 더욱 크게 뜨고 아주 조그마한 일이나 현상까지 놓치지 않고 보도록 하면 더욱 좋겠다. 그런 점을 생각하며 맛보도록 하자.

개구리

경북 경산 부림초등학교 4학년 권금순

학교 가는 길에
개구리 한 마리
요리 뛰고 저리 뛰고
옆에 보고 앞에 보고
무엇을 잃어버렸나
눈을 빙글빙글.
내가 잡을라 하니

폴짝, 옆으로 가더니
나를 노려보며
"니 왜 잡을라 카노.
내가 뭐 죄지은 것이라도 있나?
나는 죄 안 지었다,
저리 비켜라."
나는 개구리가 통통해서
잡을라 하였는데
또 내한테 그 소리 할까 봐
못 잡았다.
(1990. 5. 12.)

개구리가 불안해하며 달아나는 모습을 잘 보고 쓴 시다.

요리 뛰고 저리 뛰고
옆에 보고 앞에 보고
무엇을 잃어버렸나
눈이 빙글빙글

하는 부분은 개구리가 불안해하며 움직이는 모습을 특징있게 잘 잡아
쓴 것이다. 바로 앞에 개구리가 그런 모습을 하고 있는 것같이 느낄 수
있다.

"니 왜 잡을라 카노.
내가 뭐 죄지은 것이라도 있나?
나는 죄 안 지었다,
저리 비켜라."

하는 말은 지은이의 생각이겠지만 정말 그렇게 말한 것같이 느껴져서
더욱 좋다. '나는 죄 안 지었다./ 저리 비켜라.' 하는 말은 더 이상 비
굴하지 않겠다는 강한 의지를 보여 주는 것 같다.

　이 시는 개구리와 아이가 동무라는 것, 하나라는 것을 느끼게 하는
시다. 저학년에 가까울수록 자기와 자기 아닌 다른 것을 따로 떼어서
보지 않고 같은 몸으로 생각하는 것이 특징이다.

비 맞고 있는 제비

경북 경산 부림초등학교 4학년 신은희

제비가 비를 맞으며
전깃줄에 앉아 있다.
차가와서
날개를 푸드드 털고
엉덩이를 빼뚤빼뚤
부리로 콕콕
몸을 쫀다.
휙 날아갔다 앉았다
제비야 우리 방에
들어올래?
애구 차가와 애구
하며 날아가버렸다.
(1990. 5. 17.)

　비 오는 날 전깃줄에 앉아 있는 제비의 행동을 특징 있게 잘 잡아 쓴
시다. 이 시 역시 앞의 시 '개구리'와 비슷하게 앞의 부분은 움직이는
모습을 나타내고, 뒤에 지은이가 한 말과 제비가 했을 말로 자신의 마
음을 나타내었다.

제비야 우리 방에
들어올래?

하는 말 속에서 지은이의 따뜻한 마음을 엿볼 수 있고

　애구 차가와 애구

하는 말 속에 명랑하고도 잘 토라지는 지은이의 성격도 나타나 있다.

　이슬

경북 경산 부림초등학교 4학년 김지영

비가 오니 옥수수 잎에
이슬이 맺혔다.
햇빛이 비치니
아이 눈부셔!
이슬은 다시
아래 옥수수 잎에
팔랑 떨어졌다.
아이고 아파라!
이슬을 손가락으로 찍어서
다른 옥수수 잎에 살짝 놓아 주니
서로 너 내 친구 하자 하네.
이슬 친구들이 한데 어울리더니
퐁, 떨어졌다.
(1990. 6. 28.)

비가 온 바로 뒤에 옥수수 잎에 맺혀 있는 이슬을 잘 보고 쓴 시다.

이슬이 맺혔다가 아랫잎에 '팔랑' 떨어지는 모양이 신기해서 손가락으로 찍어서 다른 곳에 옮겨 놓곤 하는 지은이의 꾸밈없는 행동도 생각할 수 있다.

'아이 눈부셔!', '아이고 아파라!' 하는 말은 그 때 지은이 자신의 느낌을 한 마디로 표현한 말인데, 이슬처럼 깨끗한 마음을 볼 수 있다. 또 이슬끼리 서로 붙는 모양을 보고 '서로 너 내 친구 하자 하네' 라고 나타낸 것은 지은이 자신만이 가지고 있는 생각이다. 시 전체를 읽으면 닭고 깨끗하고 상큼한 느낌을 준다.

쥐

경북 경산 중앙초등학교 4학년 박창범

쥐 잡아라!
야, 쥐 잡아라!
그만 구멍으로 쏙 들어간다.
구멍에 들여다봐도
잘 안 보인다.
쥐야 나온나 놀자야, 으응.
그네에 앉아서 보니
쥐가 흙을 차붙이며
걸음아 날 살려라 달아난다.
쥐야 놀자
서라, 같이 놀자니깐
동혁이는 달려가다
돌에 걸려 넘어졌다.
또 구멍에 쏙 들어갔다.
쥐구멍에 보니
눈만 탱글탱글하다.

울고 있는가 보다.
우리 그만 갈게
너희들끼리 놀아라
하고는 집에 왔다.
(1992. 6. 15.)

　앞에도 이야기했지만 이 글을 쓴 아이는 요즘 영악한 아이들과는 달리 마음이 너무나 순수하고 착하다. 이런 아이들의 마음을 지켜 주어야 하는데 요즘 사회의 어른들을 보면 걱정이 앞선다.
　쥐를 이렇게 동무처럼 생각하며 같이 놀려고 하고, 그것을 그대로 시로 나타낸 것도 나로서는 처음 본다. 어떻게 보면 쥐를 노리갯감으로 여기는 것처럼 보이나 이 아이의 순수한 마음을 알면 그게 아니라는 걸 확실히 알 수 있다. 흔히 아이들은 동물과 재미있게 같이 놀다가 죽고 난 다음에 크게 후회하는 경우가 많다. 그것은 병아리를 노리갯감으로 가지고 놀면서 일삼아 죽이는 경우와는 다르다.

울고 있는가 보다.
우리 그만 갈게
너희들끼리 놀아라.

하는 말만 보아도 알 수 있다. '흙을 차붙이며', '눈만 탱글탱글하다' 같은 말은 실제로 보지 않고는 쓸 수 없는 말이다.

참새

경북 경산 부림초등학교 5학년 김준홍

아무도 몰래 보면
참새는

째잭째잭
감나무 가지 위에서 운다.
꼬리를 달싹달싹거리다가
땅에 내려와
머리를 처박고
콕콕 콕콕콕 콕콕콕
먹이를 쪼아먹는다.
그러다가 뭐가 오는가 싶어
요리조리 보다가
폴짝폴짝 뛰어가다가
째잭 째잭 째잭
울다가 무슨 소리가 나는가 싶으면
꼬리를 까딱까딱하다가
푸다닥
푸다닥
서로 도망을 간다.
(1989. 4. 30.)

　이 시는 지은이의 생각은 없지만, 참새가 행동하는 모습을 지금 눈 앞에 보고 있는 것처럼 참새의 생리를 잘 보고 아주 자세하게 쓴 재미 있는 시다.

　여기에는 '달싹달싹', '콕콕 콕콕콕 콕콕콕', '폴짝폴짝', '까딱까딱' '푸다닥 푸다닥' 하는 시늉말이 많이 나오는데 어찌 보면 관념적이라 생각할 수도 있겠다. 그러나 여기서는 살아 있는 말이 되어 재미를 더 해 주고 있다.

　앞서 내보인 시에서도 마찬가지지만, 이런 표현 방식은 자칫하면 말 장난으로 흐를 수도 있다는 것을 잘 알아 두어야 할 것이다.

토마토 싹

경북 경산 부림초등학교 6학년 공동현

길을 가다 보니
시멘트 틈으로
삐죽 솟은 토마토 싹
잎은 먼지를 덮어썼다.
집에 갔다 나오니
누가 발로 머리를
싹 민댔다.
봄 여름도 다 가고
가을도 다 가는데
요것이 억지로
시멘트 틈으로 나와
답답한 공기를 마시면서
살려고 애썼는데
누가 그랬을까?
누가 싹 민대 버렸을까?
(1987. 11. 3.)

땅바닥

경북 경산 부림초등학교 6학년 박치근

길을 걸으면서
땅바닥을 자세히 보면
한 쪽 날개 없는 파리가
이이잉 이이잉 발버둥치고
다리 세 쌍 달린 까만 벌레가

골목을 왔다 갔다 한다.
집 잃은 거미
먹이 물고 가는 개미
나무에서 떨어진 풍뎅이
땅강아지
지렁이도 나온다.
도로 위에는 이름 모르는 시체
머리밖에 없는 개구리
다리를 다쳐 절뚝거리며
도로를 지나다가
사람 보고 날아가는 참새
땅을 자세히 보지 않고 걸으면
힘없는 벌레들이
죽는 줄 모른다.
(1987. 11. 3.)

이 두 편의 시는 우리 가까이에서 흔히 일어나는 일을 예사로 보아 넘기지 않고 사랑어린 눈으로 보고 느낀 것을 쓴 시다.

'토마토 싹'에서는 토마토 싹이 시멘트 길 갈라진 틈으로 나와 밟히지 않고 용하게도 살아 있는 모습을 보았는데 집에 갔다 나오는 잠깐 사이에 누가 싹 문대 버렸으니 이것을 본 이 아이의 마음이 어떻겠나 생각할 수 있겠다.

'땅바닥'에서는 예사로 보면 아무것도 없는 듯한 땅바닥을 유심히 보고 그 곳에 살고 있는 조그만 생명들을 붙잡은 것이다.

두 편 모두 '그렇겠구나' 하는 생각을 갖게 한다. 고학년다운 글감이다.

2. 가족과 이웃에 대한 시

아무리 귀한 것이라 해도 가까이 있으면 그 귀함을 잊어버리기가 쉽다. 그것은 우리가 너무 일상에서 가까이 대하기 때문에 차츰차츰 그것에 대한 감정이 무디어지는 탓이다. 그래서 강한 자극을 받아도 그렇거니 생각할 따름이다. 그런 타성에서 벗어나 우리의 가족과 이웃에 대해 새로운 눈으로 보며 생활해 보도록 하고, 거기서 새롭게 느낀 것들을 글로 써 보도록 하자. 특히 시를 시라고 의식하지 말고 솟아오르는 감정을 짧은 말로 써 보는 습관을 길러 두면 일상의 일도 좀더 새롭게 보는 눈이 생기게 될 것이다.

다음에 가족과 이웃에 대한 시 몇 편을 맛보기로 하자.

효정이 할아버지

경북 경산 부림초등학교 3학년 김경미

어, 저봐라
효정이 할아버지
대머리더.
요노무 자석들.
효정이 할아버지는
지팡이로 땅을 툭툭 친다.
친구도 없이
혼자 돌아다니는 할아버지
돌 위에서 누워 잔다.
어, 저봐라
배꼽 보인더.
요노무 자석.
할아버지는 또

지팡이로 땅을 툭툭 친다.
아이들이 우루루 몰려갔다가
또 몰려온다.
효정이 할아버지가
과자를 돌라 하면
나는 준다.
그러면 효정이 할아버지는
웃으시면서
다시 돌려준다.
(1989. 11. 7.)

아이들과 할아버지 사이에 피어나는 사랑이 참 아름답다.

아이들이 할아버지를 놀리는 듯하다고 해서 아주 버릇이 없는 놈들이라고 몰아붙여서는 안 된다. 아이들은 진정한 마음이 오고 갈 때 이렇게 누구에게나 마음의 문을 연다. 마음의 문을 열 때 속에 있었던 온갖 생각을 말로 행동으로 마구 풀어낸다. 겉보기에만 아주 예의가 바르다고 해서 꼭 그러리라고 생각해서는 안 된다. 오히려 이렇게 구김살 없는 아이들이 더 밝고 맑고 깨끗할 것이다. 이렇게 장난을 쳐주는 아이들이 있으니 외롭기만 하던 할아버지도 기분이 그렇게 좋을 수가 없을 것이다.

효정이 할아버지가
과자를 돌라 하면
나는 준다.
그러면 효정이 할아버지는
웃으시면서
다시 돌려준다.

정말 아름다운 사랑이다.

엄마

경북 경산 부림초등학교 4학년 도대현

우리 엄마는
아진 농산 공장에 다니지요.
공장에서 김치를 담그지요.
그 때 다친 손가락에
고춧가루와 양념이 들어가
따가운데도 엄마는 참지요.
또 여름에 더운데
뜨거운 물에 손을 넣어서
무엇을 하지요.
엄마는 우리가 못 참을 일도
그렇게 참지요.
그리고 무엇을 얼음처럼 얼게 해서
가공하기도 하는데
거기에 손을 넣지요.
그래도 엄마는 꿋꿋이 참지요.
엄마는 쉬지도 못하고
맨날 일만 하지요.
그런 엄마를 보면
너무나 불쌍합니다.
나는 빨리 자랐으면
좋겠습니다.
(1990. 5. 29.)

대현이네 집은 넉넉하지 못하다. 그러나 대현이는 아주 착한 아이다. 이 책의 다른 자리에 '싸움'이란 글을 예문으로 실어 놓았는데 그 글에서도 대현이의 마음이 드러나 있다. 아버지는 약주를 너무 하기 때문에 일을 하기가 어려울 정도다. 그래서 어머니가 공장 일을 해야 집안을 제대로 꾸려갈 수 있다. 그렇게 고생스럽게 공장에서 일하는 어머니를 생각하면서 이렇게 시를 쓴 것이다.

보통 사람들은 참기 힘든 일도 참으면서 일하는 어머니를 '그래도 엄마는 꿋꿋이 참지요' 하면서 아주 대견스럽게 생각한다. 오히려 그런 일을 하는 부모를 부끄럽게 생각하는 아이들도 있는데 대현이는 참으로 건강한 아이다. 한편으로 대현이는 어머니를 안쓰럽게 생각한다. 그런 어머니의 고생을 덜어드리려면 얼른 자라는 것이 제일이다 생각하고

나는 빨리 자랐으면
좋겠습니다.

한 것이다. 바로 뒤에 나오지만 대현이는 도희자의 동생이다.

엄마 얼굴

경북 경산 부림초등학교 6학년 도희자

우리 엄마 얼굴은 곰보다.
내가 머리를 묶을려고
거울을 볼 때
내 얼굴과 엄마의 얼굴을 비교하면
나의 마음이 자꾸만 아프다.

내가 만약에 엄마처럼

얼굴이 그렇게 되었더라면
나는 어떻게 했을까?
규정이 엄마를 볼 때
엄마 친구 집에 심부름 갈 때
아줌마의 얼굴을 보면
엄마의 얼굴이 생각난다.

엄마의 얼굴을 보면
내가 엄마한테 미안하다.
코끝이 시큰하다.
(1987. 9. 29.)

자기 약점을 남들 앞에 내보이기 좋아하는 사람은 아무도 없다. 그러나 지은이는 부끄럽게 생각하기보다는 당당하게 내보이고, 어머니를 위로하고 있다. 이렇게 부끄러움을 솔직하게 드러낼 줄 아는 사람이 더욱 진실한 마음을 가질 수 있는 사람이다. 글도 이렇게 솔직하게 드러내어야만 남의 마음을 움직일 수 있다.

어머니가 예쁘게 낳아 주셔서 나는 당당하게 얼굴을 들고 다니는데, 어머니의 얼굴을 생각하면 마음이 아프고, 미안하고, 코끝이 시큰하다. 여기에

　'어머니, 나는 어머니를
　세상에서 제일 사랑해요.'
하는 진정에서 우러나온 뜻도 숨어 있다고 보아야겠다.

　아기

경북 경산 중앙초등학교 4학년 김아름

아기가 자고 있다.

팔을 들고
손도 예쁘게 주먹을 쥐고
쪼끄만한 눈을
살며시 감고 있다.
손을 만지니 따뜻하다.
조금 있으니
몸부림을 치며 깼다.
운다.
우는데도 발을 오그리고
떤다.
주먹 손은 바르르 떤다.
우유병을 주니
좋다고 발을 치켜들고
두 손으로 우유병을 꼭 잡고
쪽쪽 빨아먹는다.
아기는 정말
아무거나 다 예쁘다.
아기의 눈은 반짝반짝
다른 것보다 더 예쁘다.
(1992. 9. 21.)

　　고요한 마음으로 잠자고 있는 아기의 귀여운 모습, 우는 모습, 우유 먹는 모습을 바라보고 쓴 시다. 이렇게 별 생각 없이 바라보더라도 다른 거추장스러운 생각을 하지 않으면 거기서 자신의 느낌이나 감정이 은근히 솟아나게 되는 것이다.

　　다만 표현에서 '예쁘게 주먹을 쥐고', '쪼끄만한 눈', '살며시 감고', '쪽쪽 빨아먹는다', '아기의 눈은 반짝반짝' 하는 말은 누구나 그렇게 생각해 볼 수 있는 관념적인 말의 냄새가 약간 난다. 그러나 필연적인 사실이라 그런 대로 글은 살아난다.

　잘 때 팔을 들고 있는 모습, 손을 만지니 따뜻하다는 것, 몸부림치며 깼다는 것, 우는데도 발을 오그리고 바르르 떤다는 것, 우유 먹을 때 발을 치켜든다는 것 따위는 실제로 보지 않으면 알아차리기 어려운 새로운 발견이다.

　사고디

경북 경산 부림초등학교 6학년 최규정

사고디를 삶았다.
너무 뜨거워서
숟가락으로 저어가면서
후후 불어가면서 까 먹었다.
고디를 까서
엄마 입에 넣어 주었다.
엄마는 큰 놈 하나를 까서
"아나 이거 니 무라."
"안 무."
"아나 한 개만 무라."
엄마가 까준 사고디는
정말 맛있었다.
(1987. 4. 29.)

　어머니와 딸이 마주 앉아 삶은 사고디를 가운데 놓고 알맹이를 서로 입에 넣어 주는 정겨운 장면이 눈에 보이는 듯 잘 나타나 있는 시다. 어머니 입에 들어가는 것도 자기 달라고 떼를 쓰는 이기적인 아이들이 참 많은데 이렇게 아름다운 마음을 보니 읽는 사람의 마음이 포근해진다.

“아나 이거 니 무라.”
“안 무.”
“아나 한 개만 무라.”

하며 주고 받는 말에서 더욱 그렇다. 여기서 ‘사고디’는 ‘고둥’, ‘무라’
는 ‘먹어라’, ‘무’는 ‘먹어’라는 뜻의 이 지방 말이다.

솜사탕 아저씨

경북 경산 부림초등학교 6학년 김성식

오토바이에 기계를 달고
솜사탕 만드는
다리 한 쪽 없는 아저씨
아이들에게 포근한 솜사탕을
나누어 준다.
아이들이 우루루 모여
좀 크게 만들어 달라면
크게 해 주는
인심 좋은 아저씨
비록 솜사탕을 만들고 있지만
용기를 잃지 않고
꿋꿋하게 살려는 아저씨
나도 솜사탕 하나
사 들고 간다.
(1987. 9. 24.)

보통 다리가 한 쪽 없거나 팔이 없어 몸이 불구인 사람을 보면 무조건
불쌍하다고만 생각하는 아이들이 참 많다. 그런데 여기서는 다리 한 쪽

없는 솜사탕 아저씨를 희망이 넘치고 꿋꿋한 아저씨로 본다. 그래서 그
런지 인심 좋은 아저씨의 마음같이 포근한 솜사탕을 하나 사 들고 가는
지은이의 기분도 참 좋아보인다.

　이 시는 물 흐르듯 술술 아주 쉽게 써 내려간 것 같아서 읽는 사람의
마음이 편안할 것 같다. 시는 억지로 어렵게 쓰는 것이 아니라 솟아오
르는 감정대로 한꺼번에 술술 쉽게 써 버려야 한다.

3. 일상 생활과 사회에서 겪은 일을 쓴 시

　우리는 하루에도 수없이 많은 일을 겪으며 살아가고 있다. 사람마다
느끼는 감정이 다르고 한 사람의 감정도 조건에 따라 그때 그때 달라진
다. 사람은 혼자 사는 것이 아니다. 사람과 자연, 사람과 동물, 사람과
사람, 사람과 사물이 한데 어울려 살아간다. 그러니 그 사이에서 일어
나는 일만 해도 끝이 없다.

　자신이 일상 생활에서, 사회에서 일어나는 일에 느끼는 그 때 그 감
정(감동)이 다른 사람의 가슴으로 전달되도록 시를 쓰도록 이끌자. 또
자신의 가슴에 응어리진 것도 풀어내어 보도록 하자. 그것이 다른 사람
의 가슴에 맺혀 있는 응어리도 풀어내게 될 것이다.

　다음에 그런 시들을 몇 편 맛보도록 하자.

　가을

　　　　　　　　　　　　　　경북 경산 중앙초등학교 4학년 천금선

하마 가을이 왔다.
철둑가 코스모스
쫄로리 서서 웃는다.
엄마는 코스모스를 보고
날씨가 추워서

우예 사꼬, 한다.
(1992. 9. 21.)

　이 시는 '참 그렇겠구나' 하는 말이 저절로 나오는 시다. 철둑가에 활짝 핀 코스모스가 서늘한 바람에 흔들리며 웃고 있는데 또 한 차례 서늘한 바람이 불어와 몸을 움츠리게 만든다. 그래서 엄마는 찾아올 추운 겨울을 생각하고 '날씨가 추워서 우예 사꼬' 하는 것이다. 이것이 우리네 삶이 아닌가 하는 생각이 든다.
　이 시에서는 '쫄로리 서서 웃는다'와 '날씨가 추워서/ 우예 사꼬, 한다.'라는 말이 그 느낌을 살려준다. 한 순간에 보고 느낀 것을 수첩에다 그때 그때 적으면 이런 시가 나올 수 있을 것이다.

성암산에서

경북 경산 중앙초등학교 4학년 박언주

성암산 꼭대기에서 보니
경산이 콩알만하다.
남매지 못도
눈물방울만하다.
장난감 기차가
꼼틀꼼틀 지나간다.
개미 자동차가
기어간다.
빌딩들이 귀엽다.
내가 대장이다!
모두 다 내 부하다!
(1992. 9. 21.)

언제나 물질 문명에 눌려 사는 우리의 마음은 자유롭지 못하고, 답답하기만 하다. 더구나 시멘트로 만든 큰 건물에 위압을 당하고, 자동차, 기계에 눌려 기를 펴지 못하고 그 안에서 복작거리며 살다가 이렇게 빠져나와 그것들의 밖에서, 그것들의 위에서 내려다보니 얼마나 속이 시원할까. 그래서

내가 대장이다!
모두 다 내 부하다!

하는 말이 저절로 튀어나올 만하다. 앞에는 모두 밖에서, 위에서 본 모습을 쓰고, 끝에 자신의 기분을 터뜨려 놓은 시다.

발가락

경북 경산 부림초등학교 5학년 류호철

내 양말에 구멍이
뻥
발가락이 쏙 나왔다.

발가락은 꼼틀꼼틀
저거끼리 좋다고 논다.

나도 좀 보자
나도 좀 보자
서로 밀치기 한다.

안 한다
모처럼 구경할라 하니까

와 밀어내노,
서로서로 얼굴을 내민다.

그런데 엄마가 집어서
발가락은 다시
캄캄한 세상에서
숨도 못 쉬고 살게 되었다.
(1989. 10. 20.)

요즘은 여름에도 양말을 모두 신는 것으로 알고 있다. 그 더운 여름
에 양말을 신고 있으면 얼마나 답답한가. 그래서 발에 냄새가 나고 아
무리 약을 발라도 잘 낫지 않는 그 지독한 무좀이 생기게 되는 것이다.
맨발로 흙을 밟으며 돌아다니면 발 건강에 매우 좋다고 한다.
 이 시에서는 양말 속의 갑갑한 곳에 갇혀 있다가 구멍난 틈으로 공기
를 쐬려고 내미는 발가락의 모습들을 장난꾸러기 아이들로 의인화해서
재미있게 나타내었다. 그런데 엄마가 기워서 안쓰럽게도 캄캄한 세상,
숨막히는 세상에서 숨도 옳게 못 쉬고 살게 되었다. 양말을 시원하게
벗어 던지고 발가락 모두에게 세상 구경을 시켜 주었더라면 더욱 좋겠
다. 자기의 몸인데도 좀처럼 마음을 쓰기 힘드는 발가락에 마음을 주었
다는 것이 칭찬할 만하다.

설거지
경북 경산 부림초등학교 6학년 김필선

그릇에 기름이 묻어 있어
퐁퐁으로 그릇을 씻었다.
퐁퐁의 거품이
동글동글한 게 꼭 지구 같다.

내가 입으로 후 부니까
빨간색 노란색 파란색이
빙글빙글 돈다.
"우와 이쁘다!
민아, 저거 봐라!
무지개가 지구에
둘러싼 것 같제!"
"정말 이쁘다.
무지개보다 더 이쁘다."
그걸 보면서 설거지를 하니
기분이 그냥 좋다.
(1986. 6. 16.)

아름다움이라도 그 속에 뛰어들어서 몸으로 느끼는 아름다움이 아니라 그냥 바라만 보고 머리로 느끼는 아름다움은 조작된 아름다움이다. 그런 아름다움은 얼마 가지 않아서 싫증을 느끼게 된다. 오히려 보기 싫어진다. 땀 흘리며 일하는 가운데 문득 발견하는 그 아름다움은 영원한 것이다. 진짜 아름다움이다.

이 시에서는 설거지를 하다가 거품에 비치는 아름다운 무지개 색깔을 발견하고 놀라워한다. 그래서 그걸 보면서 설거지를 하니 일을 해도 기분이 좋다는 것이다.

들에서 일하다가 문득 서쪽 하늘에서 보는 저녁 노을이나, 잠시 쉬면서 듣는 시원한 매미 소리, 아침에 소 먹이다 보는 풀잎의 이슬, 이런 때 보이는 아름다움이 정말 값지다.

"우와 이쁘다!
민아, 저거 봐라!

무지개가 지구에
둘러싼 것 같제?"

이 말 속에 그 아름다움을 보며 놀라워하는 모습이 생생하게 나타나
있다.

복숭아

경북 경산 부림초등학교 4학년 박배희

어머니께서 가져오신 복숭아
요거 먹을까?
조거 먹을까?
뒤지다가
오, 요거 맛있겠네
뒤지다가
요거 진짜 맛있겠네
요거 지금 먹으려고 하니
아깝고
내일 먹으려고 하니
먹고 싶네.
복숭아는 아프다고
먹지 마라 한다.
안 돼, 먹어야 돼.
아!
내 혼자 먹으면 안 되지.
우리 할머니가 편찮으시니까
꼭 드려야지
드리면 아고 내 손자 할 건데

발갛고 말랑말랑한 거
우리 할머니 드리고
나는 조금 파란 거 먹자
바싹!
아고, 복숭아 달다.
(1990. 6. 21.)

어머니가 가져온 복숭아를 놓고 어느 것을 먹을까 저울질하는 지은이
의 천진한 모습이 잘 나타나 있다. 더욱 살아 있는 글이 될 수 있는 것
은 자기가 중얼거리는 말과 행동을 차례대로 나오는 대로 술술 적었기
때문이다. 억지로 요것 조것 끼워 맞추면 이런 시는 나올 수 없다.

아!
내 혼자 먹으면 안 되지.
우리 할머니가 편찮으시니까
꼭 드려야지
드리면 아고 내 손자 할 건데
발갛고 말랑말랑한 거
우리 할머니 드리고

이렇게 혼자 먹으려 하다가 자기를 귀하게 여겨 주는 할머니를 생각
하며 말랑말랑한 복숭아를 남겨 두는 그 마음도 이 아이만이 가지고 있
는 아름다운 마음이다.

거지

경북 경산 부림초등학교 6학년 허병대

어떤 아저씨 집에

거지가 간다.
아저씨는
이거 웬 거지고
빨랑 다른 데 안 가나!
옆구리를 팍 찼다.
거지는
옆으로 덜퍽 넘어졌다.
꿈틀 움직이더니
부시시 일어선다.
연탄을 뒤집어 쓴 얼굴
걸레처럼 떨어진 바지
핏자국이 난 무릎
너덜너덜한 담요로
몸을 덮었다.
조금씩 조금씩
구석진 곳으로 걸어가다
한 쪽 발에 걸려
땅바닥에 내리치듯
넘어졌다.
벗겨진 담요를 다시
머리에 쓰고
움켜잡는다.
남의 집 옆 한쪽 구석에
담요를 온몸에 둘러싸고
쪼그리고 앉아
죽은 듯 가만히 있다.
여자가 지나가다

어마, 하고 도망가도
거지는 조금도
꼼짝하지 않는다.
아직 추운 밤인데
오늘 밤은
아무 일 없이 지낼 것인가?
거지는 죽은 듯 있지만
얼마나 울고 있을까.
하느님, 거지가
힘을 내게 해 주세요.
오늘 밤도
아무 일 없이 지낼 수 있도록
보살펴 주세요.
자꾸만 자꾸만
눈물이 날라 합니다.
(1991. 3. 29.)

어른들은 현실적으로 자기에게 이익이 되지 않는 일이면 냉혹하게 내친다. 그러나 아이들은 그렇지 않다. 아이들은 불쌍한 거지를 보면 자신의 옷이라도 벗어 주어야 마음이 개운해진다. 뒤에 부모님에게 꾸중을 듣는다는 어떤 생각도 가지지 않고 현실적으로 그게 옳다 싶으면, 어른들이 이기적인 눈으로 보았을 때 바보스럽다 싶은 행동도 해 버린다. 벌써부터 자기 이익이나 챙기는 아이가 있다면 그것 또한 어른의 탓이다.

이 시에서는 그런 어른이 갖는 생각과 아이들이 갖는 생각이 대조적으로 나타나 있다. 처음부터 거지의 모습이나 행동을 처절하다 싶도록 적고 끝 부분에 가서 자신의 생각, 감정을 적었다.

하느님, 거지가
힘을 내게 해 주세요.
오늘 밤도
아무 일 없이 지낼 수 있도록
보살펴 주세요.

이렇게 거지가 무사하기를 하느님께 비는 것으로 자신의 소망을 나타
냈다. 거지가 불쌍해서도 그렇겠지만 그런 자신의 진정어린 간절한 소
망이기에 더욱 '자꾸만 자꾸만/ 눈물이 날라 합니다.' 라는 말을 덧붙였
다고 본다.

일하는 할머니들

경북 경산 부림초등학교 6학년 이유찬

할머니 다섯 분이
우리 양파 밭을 매신다.
하루 종일 일하면서도
뭐가 좋으신지
막 웃어쌓는다.
"태국띠기 둘째 아들
어떻더노?"
"잘 났지, 대학 나와도
집에 와서 일도 거들고
똥도 퍼고 하는데."
호미로 익숙한 솜씨로
풀을 쪼아 손으로 집어
논둑으로 던지곤 하신다.

어떤 젊은 여자가
봄이라고 좋은 옷 차려 입고
빼딱구두에다 핸드백 메고
호호호 웃으며 간다.
아까 전에 커 보이던
할머니들 모습이
점점 작아지는 것 같았다.

그래도 할머니들은
"내일 속리산에
놀러 갈 거제?"
"안 된다, 못 간다,
내일 샘 파는 일 마치는 날이고
집에 일도 있어가."
"그까짓 일 다음으로
미루면 되잖아."
"애구, 그래도 일은 마쳐야제."
말을 해싸며
더 빨리 밭을 매신다.

나도 뒤에 따라서
밭을 맨다.
할머니들이 일하는 모습은
참 재미가 있다.
(1991. 4. 6.)

농촌에서 일하며 살아가는 어른들의 모습이 생생하게 드러나 있다.

이것이 보통 농촌 사람들의 진정한 삶의 모습이다. 그런 농촌에는 어울리지 않는 어떤 젊은 여자의 모습이 나타나는데, 지은이는 흙 한 번 손에 묻히지 않고 잘 먹고 잘 입고 기름이 번드르하게 멋을 내면서 가는 그 여자의 모습을 보고, 농촌 사람을 불쌍하게 보며 괜히 마음이 위축된다. 그래서

　　아까 전에 커 보이던
　　할머니들 모습이
　　점점 작아지는 것 같았다.

고 한다. 나도 어릴 적에 수없이 가져본 감정이다. '그렇지' 하는 마음이 든다.

　여기에는 할머니들끼리 주고받는 말 속에 그래도 즐겁게 일해 나가는 모습을 볼 수 있다. 그래서 지은이도 힘을 얻고 할머니들을 따라 밭을 맨다. 건강한 삶에서 이런 건강한 시가 나올 수 있다고 본다.

　　수성 못 포장마차

경북 경산 부림초등학교 6학년 조수경

　　저녁 뉴스를 보니
　　수성 못 앞에
　　포장마차가 죽 늘어서 있고
　　사람들도 많이 있었다.
　　싸움을 하는 것 같았다.
　　죽었는지 기절했는지
　　아무 기색이 없이
　　누워 있는 사람
　　옆에서는 그 사람을 흔들었지만

꼼짝달싹 하지 않는 그 사람
울고불고 난리터였다.
물이 오염된다는 이유로
장사를 못 하게 했다.
포장마차를 못 하도록
끌고 가는데
포장마차 기둥을 붙들고 뒹굴어졌다.
사람은 먹고 사는 것이 참 중요하다.
누구는 잘 살고
누구는 못 살고
어떻게 해야 좋을는지
모르겠다.
포장마차를 붙들고
늘어지는 것을 보니
사는 게 얼마나
힘든 것인 줄 알겠다.
내 마음으로는
그냥 놔 두었으면 좋겠다.
(1991. 4. 13.)

별 대책 없이 포장마차를 못 하도록 막는 쪽과 그 삶의 터전을 지키기 위해 몸으로 막으며 싸우는 장면을 텔레비전에서 보았던 모양이다. 그래서 그 장면을 본 대로 적어가면서 '살아가는 것이 쉬운 게 아니로구나' 하는 것을 스스로 깨닫고 있다. 그리고 포장마차 하는 사람들을 생각하는 인간성이 강하게 엿보인다.

내 마음으로는
그냥 놔두었으면 좋겠다.

는 은근한 말로 포장마차를 못 하게 하는 일을 비판하고 있다. 아이들이 좁은 테두리에서 일어나는 일상의 일에서 더 넓은 사회로 보는 눈을 넓혀 진짜배기 옳은 삶을 깨우쳐 나가도록 했으면 좋겠다.

해

경북 경산 부림초등학교 6학년 허병대

야, 동수야!
해 넘어간다
발갛다야!
동글동글한 게
퐁
터질 것 같다야.
바람도
살살 불고
풀잎도
살래살래
구름도
살금살금 지나간다.
어어 이제
넘어갈 듯 말 듯
쪼끔 남았다.
이제 손톱만큼 남았다.
어!
꼴딱 넘어갔다.

아!
모든 게 멈춰 버리는 이 세상
(1991. 11. 21.)

이 시는 서산으로 넘어가는, 놀랍도록 아름다운 해의 모습을 상대편 아이에게 감격스런 말로 쏟아놓으면서 그 때 그 감흥을 노래하고 있다. 처음부터 끝까지 긴박감이 있지만, 그 중에서 해가 넘어가는 그 긴장된 순간에는

바람도
살살 불고
풀잎도
살래살래
구름도
살금살금 지나간다.

모든 것들을 넘어가는 해에게 집중시키고 있다. 그래서 마침내 해는 넘어가고 그만

아!
모든 게 멈춰 버리는 이 세상

하고 끝맺는다. 그러고는 쓰던 연필을 집어 던져 버리는 기분이 든다. 바로 눈 앞에 해가 넘어가는 모습이 보이는 듯 그 과정을 감동적으로 쓴 시다.

사탕

경북 경산 부림초등학교 6학년 송 현

입 안에서
오물오물
이 볼때기
볼록
저 볼때기
볼록
이리저리
올롱올롱
달콤달콤
아이고
달다.

달콤한 사탕을 입 안에 굴리면서 먹는 모습이 아주 귀엽게 나타나 있는 시다. '볼'도 '볼'이라 하지 않고 저희들끼리 하는 말로 '볼때기'라 했다. 그러니 더 살아 있는 말이 되었다.

'오물오물', '볼록', '이리저리', '올롱올롱', '달콤달콤' 이런 시늉말을 빼 버리면 시가 안 되는 시다. 그래서 시늉말 맛의 재미를 살린 보기글로 내보이는 시로서는 좋다.

시늉말 가운데서는 '올롱올롱' 하는 말이 가장 자연스럽고도 새로운 말이다. 이 시늉말도 자기대로 보고 듣고 생각한 것에서 새롭게 저절로 솟아나는 말이라야 살아 있는 말이 된다.

모범 운전수

경북 경산 부림초등학교 6학년 장동천

차를 타고 집에 오는데

어떤 할머니께서
손을 들며
"세워 주소!"
운전수 아저씨는
못 본 체 지나간다
할머니께서는
할머니라서
차비를 안 내서
그냥 지나치나 보다.
옷에는 친절 봉사
모범 운전수
주렁주렁 달려 있다.
(1987. 9. 12.)

도시 가까운 곳에는 시내버스가 다닌다. 그런데 그 시내버스는 시골에 사는 할아버지 할머니 혼자 차를 세우면 잘 세우지 않고 지나가는 일이 많다. 그 까닭은 글에도 나타나 있지만 차비를 안 내거나 내더라도 깎고, 차비를 다 내더라도 여러 가지로 운전하는 데 불편한 점이 많기 때문이다. 그러나 자기도 그런 부모가 있다고 생각하면 어디 그럴 수가 있겠나. 자가용이나 영업용 택시를 탈 형편이 되면 굳이 버스를 타겠나. 모두 사는 것이 어려운 그만그만한 사람들이니 더욱 그렇다.

이 시는 운전수가 하는 꼴을 보고 한 마디 해야겠다 싶어 쓴 것이다. 좋다 나쁘다, 그래서는 안 된다는 직접적인 말은 한 마디도 하지 않았지만 그 사실을 그대로 보여줌으로써 아주 강한 비판의 뜻을 나타낸 시다. '옷에는 친절 봉사/ 모범 운전수/ 주렁주렁 달려 있다.' 이런 말 속에 은근히 강한 비판의 뜻이 담겨 있는 것이다.

제2부 산문 쓰기—마음의 문 열기

아이들 글을 보는 눈
쓰고 싶은 마음을 어떻게 불러일으킬까?
글쓰기 지도 일곱 단계
글을 더 생생하게 쓰는 두 가지 지도 방법
마무리 지도—자기 글의 소중함 일깨우기

연싸움 · 경북 경산 부림초등학교 6년 서현철

산문 쓰기 — 마음의 문 열기

아이들 글을 보는 눈

글쓰기 지도를 하려면, 먼저 가르치는 사람이 아이들의 글을 바로 보는 눈을 지니고 있어야 한다. 그런데 그런 눈을 가지자면 아이들의 삶이 진정 무엇인지 알아야 한다. 물론 아이들의 삶을 이렇다 저렇다 분명하게 말할 수 있는 어른은 이 세상에 아무도 없다. 그러나 분명한 것은 아무리 바른 길이라 해도 어른들의 조작에 의해서 만들어지는 아이들의 삶은 아이들의 주체적인 삶이 아니라는 것이다. 아이들의 글도 그런 관점으로 보아야 한다. 하지만 어디 그런가. 어른들의 굳은 생각으로 아이들의 삶을 보려 하고, 어른들의 생각을 앵무새처럼 옮겨 놓은 글을 좋은 글이라고 한다.

우선 아이들의 글이 너무 그럴 듯하고 너무 매끈하다 싶으면 아이들 자신의 생활과 생각이 아니기 쉽다. 어설프게 내가 어떤 글이 좋은 글이고 어떤 글이 좋지 않은 글이라고 떠벌이기보다 이오덕 선생님의 말씀을 그대로 옮겨 보이는 것이 좋겠다.

"어떤 글이 좋은 글인가? 좋은 글이 되려면 세 가지 조건을 갖추어야 합니다. 그 세 가지 조건 중 첫 번째는, 읽으면 곧 알 수 있도록 쓴 글이라야 합니다. 두 번째는 재미가 있어야 합니다. 곧, 읽을 맛이

나야 한다는 것이지요. 세 번째는 읽을 만한 가치가 있어야 합니다. 이 세 가지 중 어느 한 가지라도 빠지면 좋은 글이 될 수 없습니다. 그런데 이 세 가지를 통틀어 말한다면 '감동'입니다. 어떤 글을 읽었을 때, 그 글에서 깊은 감동을 느꼈다면 위에서 말한 세 가지가 다 갖추어져 있는 글이 되는 셈입니다. 그러니까 '감동'이 있는가 없는가, '감동'이 어느 정도 담겨 있는가에 따라 그 글의 값을 매길 수 있지요. 아무리 보잘것 없는 듯한 글이라도 감동을 느낄 수 있으면 좋은 글이고, 아무리 근사하게 잘 쓴 듯한 글이라도 아무런 감동을 받지 못한다면 그 글은 잘못 쓴 글이라 보아 틀림없습니다.

　이번에는 어떤 글이 나쁜 글인가, 하고 생각해 봅시다. 좋지 못한 글, 나쁜 글을 생각나는 대로 들면 다음과 같습니다.

(1) 무엇을 썼는지 알 수 없는 글.

(2) 알 수는 있어도 재미가 없는 글.

(3) 누구나 다 알고 있는 것을 알고 있는 그대로만 쓴 글.

(4) 자기 생각은 없고, 남의 생각이나 행동을 흉내낸 글.

(5) 어른들이 쓰라고 해서 할 수 없이 마음에도 없는 것을 쓴 글.

(6) 사실이 아닌 거짓을 쓴 글.

(7) 생활이 없는 글. 곧, 머리로 꾸며 만든 글.

(8) 꼭 하고 싶은 말이 무엇인지 갈피를 잡을 수 없도록 쓴 글.

(9) 글에 나타난 생각이나 행동이 옳지 못한 글.

(10) 어른들이 쓰는 어려운 말을 쓴 글.

(11) 읽어서 얻을 만한 내용이 없는 글. 곧, 가치가 없는 글.

(12) 정성이 담기지 않고 아무렇게나 써 버린 글.

(13) 아주 재주있게, 멋지게 썼구나 싶은데, 마음에 느껴지는 것은 없는 글.

　　대강 이렇습니다. 이 중 맨 마지막에 들어 놓은 것 '아주 잘 썼구나 싶은데 마음에 울려오는 것은 없는 글'을 가장 조심해야 합니다. 책이나 신문에는 이런 글이 많이 나오고, 그래서 자칫하면 우리는 이런 속임수 글을 몰라 보고 훌륭한 글인 줄 알기 쉬우니까요.
　　그런데 여기서 '좋은 글'과 '나쁜 글'을 아주 딱 나눠서 말했지만, 실제로는 어떤 글 안에 잘 된 점도 있고 잘못된 점도 있는 경우가 더 많습니다. 어쨌든 글을 볼 줄 알아야 좋은 글을 쓸 수 있도록 지도할 수 있습니다."

　　물론 아이들도 글을 보는 눈을 길러 주어야만 좋은 글을 쓸 수 있다는 것은 더 말할 나위도 없다.

쓰고 싶은 마음을 어떻게 불러일으킬까?

　　학급 도서 가운데 재미있는 동화책도 제쳐두고 〈비오는 날 일하는 소〉(이호철 엮음, 산하)와 〈공부는 왜 해야 하노〉(이호철 엮음, 산하)를 비롯하여 아이들의 글을 묶은 책들을 서로 보려고 하더라는 이야기를 어느 2학년 담임 선생님한테 들은 적이 있다. 역시 비슷한 생활 처지에 있으면서 비슷한 생각이 담긴 저희 또래 아이들의 글을 더 좋아하고 있구나, 아마 저희들끼리 더 통하는가 보다 싶었다.
　　누구에게선가 아이들에게 글을 억지로 쓰게 하지 않고 저희들 또래 아이들의 글을 자꾸 읽어 주기만 하니 나중에는 아이들이 "우리도 한 번 써 봅시다." 해서 슬슬 글쓰기를 시작했다는 이야기를 들은 적이 있다. 아마 또래 아이들의 글 내용을 듣다 보니 '나도 저런 글쯤은 쓸 수 있다.'는 생각을 했을 것이다. 또 저희들도 무언가 할 말이 있었을 터인지라 표현해 보고 싶은 욕구가 일어났던가 보다. 글은 그렇게 자연스럽게 쓰고 싶은 마음이 우러나와서 쓰도록 해야 한다.

나는 글을 읽어 주는 시간을 정해 놓았다. 왜냐 하면 바쁜 시간에 쫓기다 보면 언제 짬을 내어 읽어 줄 수가 없기 때문이다. 시간을 정해 놓으면 아이들의 압력 때문에도 읽어 주지 않을 수가 없게 된다. 나는 2교시 수업에 들어가기 전에 아이들을 좀 일찍 자리에 앉혀 놓고 한두 편의 글을 꼭 읽어 주는데, 아이들이 그걸 그렇게 좋아할 수가 없다.

한번은 글을 읽어 주었더니 "한 번 더 읽어 줘요." 해서 다시 읽어 준 적이 있다. 바로 다음 글이다.

싸움

경북 경산 부림초등학교 4학년 도대현

김은진과 집에 오면서 무술놀이를 했다. 발로 막 찰 때는 손으로 막았다. 손으로 막을 때는 손이 아팠다.

그런데 내가 뒤에 있으니 김은진이가 뒷발로 차려고 해서 동시에 내가 앞발로 찼는데 안타깝게도 김은진의 자지를 찼다. 그리고 가방을 메고 길을 건너서 오고 있는데 김은진이가 나한테 하는 말이 꼭 지 멋대로 시키는 것 같았다.

"니 서래이. 열 번만에 안 서면 니 박살냈뿐데이."

이래서 나는

'지가 뭔데 하인 부르듯이 부르노. 그렇게 오고 싶으면 지가 오지.'

이러며 계속 오는데 김은진이는 내한테 당당하게

"니 이거 장난 아니데이. 니 내하고 진짜로 싸우자."

이랬다. 나는 싸우기 싫어 그냥 오는데 김은진이가 길을 막더니 가방을 벗어던지며 지가 힘 세다는 듯이

"진짜 싸우자!"

이래서 나도 할 수 없이 싸우게 되었다.

가방을 벗었다. 내가

"니, 이거 잘 알아둬래이. 꼬집기하고, 물기하고, 머리 당기기는 없

데이.”
이러니 김은진이 당당하게 나한테 하는 말이
　“알았다. 니나 지키라.”
이래서 나는 그 말을 다시 김은진에게 되풀이 하였다.
　“알았다. 니나 머리 당기지 말고, 꼬집지 말고, 물지 마라.”
　우리는 싸우기 시작했다. 내가 주먹을 불켜쥐고 싸울 준비를 하니
김은진이 내 팔을 잡기에 내가 옆으로 해서 다리를 거두고 넘겨뜨렸
다. 그리고 때릴려고 하니 이런 생각이 들었다.
　‘우리 집은 가난한데 때렸다가 치료비 물어 달라고 하면 안 되니까
　때리면 안 된다.’
이러고 가만히 있으니 김은진이 일어나 또 달려들어서 내가 다리를
거두고 레슬링처럼 목 쪼르기를 하는데 빠져 나와 다시 일어났다. 내
가 또 넘구려고 다리를 거두니 안 넘어가고 김은진이가 날 넘구었다.
나는 이런 생각을 했다.
　‘논으로 넘어지면 떨어져서 굉장히 아픈 것처럼 보이니까 놓아 주
　겠지.’
이러면서 논으로 구부니 내 생각대로 놓아 주었다.
　논에서 싸우려고 하니 어떤 아저씨가 지나가면서
　“친구끼리 와 싸우노. 집에 가라.”
이래서 우리는 가방을 들고 가는 척했다. 나는 안 싸웠으면 좋겠다는
마음이 있어도 김은진의 코를 납작하게 해 주고 싶은 마음이 들었다.
　아저씨가 지나가고 또 싸우기 시작했다. 내가 김은진을 넘겨뜨려서
얼굴 쪼르기를 했다. 내 손을 밑으로 하니 김은진이 위로 밑으로 옆
으로 민대어서 손가락에 상처가 나고 피도 났다. 따갑지는 않았다.
김은진이 내 머리를 잡고 당기기 시작했다. 나는 김은진에게
　“머리 당기기 없다매, 니 와 머리 당기노.”
이러니 김은진이 우쓰대면서

"빠져 나가기 위해선 어쩔 수 없다."
이래서 내가 침착한 목소리로
　"니 머리 놔라. 나도 머리 놔 주께."
이러니 김은진이 머리를 놓아서 나도 놓았다.
　양정실과 양정임이 지나가면서 하는 말이 꼭 우릴 비웃는 것 같았다.
　"너거들 배동호 올 때까지 기다리끼가?"
　양정실과 양정임이 지나가자 우리는 막 머리를 당기기 시작했다. 김은진이 나한테 큰 소리로 욕을 했다.
　"야이 개새끼야!"
　나도 김은진에게 큰 소리로 욕을 했다.
　"니는 모 개새끼 아니가? 뭐 웃기고 있네."
이러니 김은진이 나한테 겁 먹이듯이
　"니 안 봐준다."
이러면서 또 달려들어 머리를 더 많이 당겼다. 또 김은진은 계속 욕을 했다.
　"야이 개새끼야, 니 맞을래."
이래서 나는 비웃으면서
　"니나 맞아라 이 개새끼야."
하고 말했다. 머리를 놓았다. 김은진이 안 되니 우리 집까지 말했다.
　"집도 없는 주제에……."
　나는 성이 더 나서 김은진에게
　"야이 개새끼야, 너거 집 부자면 다가!"
이러며 욕을 막 퍼부었다. 그러니 김은진이 큰 소리로 나한테
　"우리 집 부자라 캤나!"
이래서 나는 김은진에게 당당하게 말했다.
　"니 우리 집 가난하다고 했잖아!"

　김은진은 시치미를 떼듯이 나한테
　"내가 언제 너거 집 가난하다 캤노? 말해 봐라."
이래서 나는 큰 목소리로 괴음을 질렀다.
　"니가 조금 전에 안 캤나!"
이러니 김은진은 나한테 억박지르는 소리로
　"너거 집 가깝다 그랬다. 들을라 카면 똑바로 들어라."
이랬다. 나는 김은진에게 더욱 큰 소리로 말했다.
　"우리 집 가까운 데 보태준 거 있나?"
이러니 김은진은 보통 목소리로
　"너거 엄마한테 갈라 카제."
이래서 나는 화가 더 났다. 왜냐 하면 우리 엄마가 일하러 가서 집에
없는 것을 알면서도 그카기 때문이다.
　"우리 엄마 없다!"
이러니 김은진이 나한테 찬찬한 목소리로
　"니 봐준다. 운 좋은 줄 알아라."
이래서 대항하듯이 말했다.
　"봐주기는 뭘 봐주노!"
이래서 또 싸웠다. 주먹으로 얼굴을 막 치고 머리도 잡아당겼다. 배
도 막 차고 '야이 시팔놈아!' 카는 욕도 막 했다. 우리는 눈물이 날랑
말랑 그러면서 막 싸웠다. 나는 손이 아파왔다. 새끼 손가락이 긁혀
서이다. 나는 따가와도 꾹 참고 싸웠다. 더욱 아팠다. 그래도 싸웠다.
김은진이 주먹으로 내 얼굴을 쳐서 나는 주먹을 막 휘둘렀다. 그런데
도 한 방도 맞지 않았다. 성이 더 나서 발로 차니 또 막았다. 김은진
이 발로 찰 때 다리를 잡아서 넘가뜨리니 김은진이 화가 나서 발로 막
차고 주먹으로 막 때렸다.
　그러다가 우리는 지쳐서 둘다 우두커니 서 있었다. 가방을 메고도
서 있었다.

나는 돌아서서 작은 소리로
"김은진 개새끼"
이러며 집으로 왔다. 나는 집에 오면서도 김은진 욕을 하면서
　'우리 집이 부자면 좋겠는데……. 그카면 자들을 혼낼 수도 있었는
　데…….'
이러며 중얼중얼거렸다.
　나는 집에 와서 울었다. 나는 왜 태어났는지 모르겠다는 생각도 많
이 했다.
　나는 놀다가 김은진을 만나 사과를 했다. 김은진도 나한테 사과를
했다. 우리는 또 친하게 지내고 있다. 왜 통일이 안 되냐 하면 서로
미워하기만 하고 사과를 안 하기 때문이다.
　싸움을 하면 친구를 미워하게 되고, 안 놀게 되고 사이가 나빠진다.
이제 특별한 일이 없는 한은 안 싸우겠다.

아직 글쓰기 지도에 자신이 없는 선생님은 반 아이들에게 같은 또래
의 아이들 글을 몇 편 읽어 주고 쓰게 하면 좋다. 어설프게 교과서 흉내
나 내게 하면 아이들은 그만 죽은 글을 억지로 쓸 수밖에 없다. 삶이 진
솔하게 담겨 있는 또래 아이들의 글을 많이 읽어 주면, 아이들은 글과
친숙해져서 거부감 없이 쉽게 쓸 수 있게 된다.

글쓰기 지도 일곱 단계

글쓰기 지도를 많이 해 보지 못했던 선생님들은 어떤 글쓰기 지도 이
론이나 방법을 읽고 그대로 가르쳐 보아도 잘 되지 않고, 어떻게 지도
해야 할지 막막하기는 마찬가지다.
　아무리 좋은 방법이라도 자기 것이 되지 않으면 그럴 수밖에 없는 것
이다. 어떻든 올바른 이론의 바탕 위에다 자기 경험으로 이루어진 뼈대

를 세워 놓고 거기에 맞게 실천해 가면서 살을 붙여 나가야 한다. 그렇게 잡은 것이라야 확실한 자기 것이 되는 것이다. 부족하지만 내 식으로 잡은 것을 예로 들어 본다. 글쓰기의 기본은 서사문 쓰기이므로, 내 이야기도 서사문 중심이 되겠다.

1. 쓸 거리 찾기

먼저 자기가 직접 보고 듣고 겪은 일 가운데 생각이나 느낌이 더 생생한 일들을 떠오르는 대로 찾아 제목을 적어 보게 한다.

우리 둘레에는 자신과 별로 관련이 없는 사물과 사실이 있는가 하면, 관련이 깊은 사물과 사실도 있다. 그 가운데서 자신과 관련이 깊은 것들은 곰곰이 생각하고 생생하게 느낀 것이 있어 글로 잘 표현할 수 있을 것이다. 그런 것들을 모두 찾아 보는 것이 '쓸 거리 찾기'이다. 이 '쓸 거리 찾기'는 글쓰기의 성패가 바로 여기에 달려 있다고 할 수 있을 만큼 매우 중요하다. 글은 이렇게 쓰고 싶은 것을 자기 마음대로 찾아 쓰도록 해야 하는 것이다.

그런데 대부분의 글짓기 대회나 백일장은 이렇게 중요한 쓸 거리 찾기 단계부터 잘못되어 있다. 다음은 지난번 어떤 단체가 연 글짓기 대회에서 글감으로 준 것들이다.

초등
□ 운문 : 노랑 나비 하양 나비
□ 산문 : 진달래와 개나리
중등
□ 운문 : 아침 이슬
□ 산문 : 달맞이꽃

이런 글감에서 삶이 생생하게 담긴 살아 있는 글이 나오기란 아예 기대할 수가 없다.

글짓기를 하기 위해 대회장(교실)에 들어가는 중학생 몇 명에게

"얘들아, 달맞이꽃 아니?"

하고 물어 봤더니 아무도 본 일이 없다고 했다. 그렇다면 '달맞이꽃'이란 글감으로 산문을 쓰게 되어 있는 중학생들은 어떻게 글을 쓸까 정말 궁금했다. 달맞이꽃을 보았다 해도 그 속에서 살아 보지 못한 아이들에게서 무슨 글이 나올까? 말하지 않아도 뻔한 일이다. '노랑 나비 하양 나비', '진달래와 개나리', '아침 이슬' 따위도 도시 아이들로서는 흔히 볼 수 있는 것들이 아니다. 그러니 아름다운 말만 모아 짜 맞추어 글을 꾸며낼 수밖에 없게 되어 있다. 그런 글에는 감동이 있을 수 없을 것이며, 감동이 있다 해도 그건 만들어낸 거짓 감동이거나 억지 감동이다.

지금까지 학교 현장에서 글쓰기를 지도하는 교사들을 더러 만났다. 이른바 문예부 교사들이다. 그 교사들은 대부분 삶을 가꾸기 위한 글쓰기 지도를 하는 것이 아니고 글짓기 대회용 '선수'를 길러내고 있다. 거짓말로 꾸며 쓰는 어른들의 흉내를 내도록 가르치는 교사도 더러 있다.

할아버지 할머니가 계시지 않는데도 계시는 것처럼, 편찮으시지도 않은데 편찮으신 것처럼, 멀쩡하게 살아 계시는 분도 죽었다고 쓰는 아이들도 여럿 보았다. 그렇게까지 하지는 않겠지만 그럴 듯하게 꾸며 쓰도록 지도를 하는 것이 옳은 글쓰기 지도 방법이라고 믿는 교사도 많다. 아주 잘못된 생각이다.

더구나 아이들의 글쓰기(사실은 어른들의 글쓰기도 마찬가지다)는 자기 생활의 기록일 수밖에 없다. 살아가면서 보고 듣고 겪고 진하게 느낀 것을 빠뜨리지 않고 적는 것이다.

그러니 생활이 같지 않은 아이들에게 무조건 똑같은 글감으로 글을 쓰게 하는 것은, 한날 한시에 똑같은 똥을 똑같은 모습으로 내놓으라는 것이나 다름없다.

이오덕 선생님은 글감 찾기 지도의 원칙과 조건을 다음과 같이 말했다.

글감 찾기 지도의 원칙
① 무엇보다도 글감을 강요하지 말 것이다. 아동 스스로 찾아 내어야 한다.
② 삶을 있는 그대로 보도록 하는 글감 찾기 지도가 되어야 한다.
③ 아이들의 재능을 키워 주고, 생각을 깊게 해 주는 글감 찾기가 되어야 한다.
④ 쓰고 싶은 의욕이 왕성해지도록 하는 글감 찾기 지도가 되어야 한다.
(《삶을 가꾸는 글쓰기 교육》 이오덕, 보리, 112쪽)

글감 찾기의 조건은 다음과 같다.

주관적 조건
① 삶에서 강한 인상을 받은 것.
② 글로 써 보이고 싶은 것.
③ 그것을 씀으로써 만족할 수 있는 것.
④ 특별한 경우가 아니고는 글쓰는 이가 그것을 일반에게 발표하고 싶은 욕망을 가진 것.

객관적 조건
① 글감이 사회성을 가질 것. 즉, 두사람 이상의 이야깃거리가 될 수 있어야 한다.
② 나아가서 읽는 이에게 적극적인 영향을 주는 것.
③ 다시 더 나아가서 인격과 집단에 대해 올바른 삶의 관점을 보여 주

는 것.
④ 편지글의 경우는 그 대상이 뚜렷하게 정해져 있을 것.
(〈삶을 가꾸는 글쓰기 교육〉 이오덕, 보리, 115쪽)

글감을 정해 주지 않고 자유롭게 찾아 보라고 하면 쉽게 쓸 거리들을 찾아낼 것 같지만 그렇지 못하다. 무엇을 글감으로 해서 쓰면 살아 있는 글이 될 것인가 몰라 끙끙 앓게 될 때도 많다.

사물을 인식하는 능력이 모자라거나 관심이 없어서 쓸 거리를 쉽게 찾지 못하는 경우도 많다. 그래서 언제나 메모 수첩을 가지고 다니면서 현장에서 그때 그때 메모하는 버릇을 들이도록 하는 것도 좋다.

의식이 똑바로 깊게 박히지 않은 아이들은 사물을 보아도 그 사물이나 일의 가치를 알지 못하여 별 감동이 없는 글감을 고르기 쉽다. 문제 의식을 가지고 비판적인 눈으로도 볼 줄 아는 마음가짐이 있어야만 쉽게 글감을 찾을 수 있을 것이다.

아이들 스스로 자유롭게 쓸 거리를 찾도록 하되, 삶 전체의 범위를 한꺼번에 찾게 하기보다는 부분 부분 나누어서 찾도록 하는 것이 좋다. 그리고 제목 정도라도 꼭 적어 놓도록 해야 한다. 그렇지 않으면 물처럼 흘러가 버려 붙잡을 수 없게 되기 때문이다.

쓸 거리 찾아 적어 보기의 예
□ 한 일(겪은 일) : 고추 모종 옮기기, 야구, 물놀이, 밥 짓기, 공부, 어머니 어깨 주물러 드리기, 변소 청소 따위.
□ 본 일(본 것) : 일하는 소, 굴다리 밑의 거지 아저씨, 이웃집 아저씨 아주머니의 살아가는 모습, 우리 집 토끼, 청소부 아저씨, 우리 할머니, 오늘 아침에 본 들 따위.
□ 들은 일 : 부모님 살아온 이야기, 선생님의 말씀(참, 사랑, 땀), 일제 시대 이야기(역사 이야기), 우리 마을에 살았던 순이 소식, 우리 형

님이 외국에서 겪은 이야기, 오늘 아침 교통 사고 소식 따위.
□ 느끼고 생각한 일 : 돌아가신 어머니 생각, 영화 '뿌리'에 대한 내 생각과 느낌, 역사의 현장을 보고, 시 '할아버지 금강산 구경 가요'를 감상하고, '몽실 언니'를 읽고, 나의 소원 따위.
□ 알리고 싶은 일 : 소중한 내 물건, 우리 식구, 개에 대한 모든 것, 8자 놀이 방법 소개, 수박 재배 방법, 우리 집의 위치, 밥이 입에 들어오기까지 따위.
□ 따져 보고 내세우고 싶은 일 : 주번이 필요한가, 우리 학교 변소, 쇠 젓가락을 씁시다, 담배 피우는 고등학생 형, 우리 나라 골프장 과연 필요한가, 오락실 가는 것에 대하여, 연예인 사진 모으는 것 어떤가 따위.
□ 그 밖의 일들.

　위에 보기를 든 쓸 거리에서는 온갖 종류의 글이 나올 수 있다. 학년이 낮은 아이들의 글은 굳이 서사문이니 감상문이니 설명문이니 논설문이니 구별하여 딱딱하게 쓰게 할 필요가 없다고 본다. 사실 아이들의 글은 어느 글이든지 여러 가지가 섞여 있어 구별하기 힘드는 것이 많다. 그래서 어느 것에 무게를 더 두었느냐에 따라 구별할 수밖에 없다. 어떻든 아이들의 글은 무슨 글이든 생활이 기본 바탕이 되는 것이다. 그래서 서사문, 감상문, 설명문, 논설문 가운데 하나를 정해서 쓰게 할 때는 그 종류에 따라 자세하게 나누어서 쓸 거리를 모두 찾아낼 수 있도록 하는 것이 좋겠다.
　자유롭게 쓸 거리를 찾는 것을 오히려 어려워하는 아이에게는 어느 정도의 범위를 정해 주고 그 범위 안에서 쓸 만한 거리를 찾아보게 하는 것도 좋겠다. 예를 들자면 '일요일에 겪었던 일 가운데 한 가지 쓰기', '지난 주에 있었던 일 가운데 제일 슬펐던 일 한 가지 쓰기', '내가 아끼는 물건 가운데 가장 아끼는 물건에 얽힌 이야기 쓰기' 따위다.

2. 글감 고르기

쓸 거리 찾기에서 나온 여러 가지 거리 가운데 가장 생생하게 느낀 글감 하나를 골라잡게 한다.

글감을 고르려고 하면 선뜻 마음에 들어 오는 것이 없는 경우가 많다. 쓸 거리 찾기에서 나온 여러 글감 하나하나에 대하여 조금씩이라도 겪어 보도록 해서 자신의 삶 속에서 가장 깊이 느낀 것 하나를 고르게 하는 것이 좋겠다.

그래도 어느 것을 글감으로 골라 써야 할지 몰라 별 뜻없는 것을 고를 경우도 많다. 그럴 때는 아이한테 고른 글감에 대한 이야기를 들어보고 겪은 내용이 많은지, 솔직하게 쓸 수 있는지, 사회적 가치가 있는지, 감동이 있는지 따위에 비추어 다시 고르도록 도와 주어야 한다.

학급 담임을 맡아 처음 글쓰기를 시작할 때는 스스로 고른 글감의 내용을 한 사람 한 사람 발표하게 하면서 글감 고르는 것을 도와 주는 것이 좋다.

아이가 스스로 고른 글감보다 다른 글감으로 글을 쓰는 것이 더 생생하고 가치 있는 글이 나올 성싶을 때는 다른 것을 고르도록 하는 것이 좋다. 이 때에 왜 다른 글감을 고르는 것이 좋은지 반 아이들에게 이야기해 주면 글감 찾기 공부가 된다.

삶이 메마른 아이들은 글감을 잘 찾지 못한다. 시멘트 바닥, 시멘트 담, 시멘트 벽으로 둘러싸여 자연과 동떨어져 있고, 학원이다 뭐다 해서 앞뒤 돌아볼 짬도 없는 아이들, 달달 외우고 쓰는 공부만 하는 아이들은 아무래도 생생한 글감을 찾기 어렵다. 이런 아이들에게는 조사를 하게 하거나 경험을 시켜 그것을 글감으로 해서 쓰게 해 보자. (〈재미있는 숙제, 신나는 아이들〉 이호철, 보리, 참조)

또 처음 글을 쓰게 할 때는 억울한 일, 걱정스러운 일같이 말하지 않고는 못 견딜 일을 글감으로 해서 글을 쓰게 해보는 것도 좋겠다.

　이렇게 해나가다 보면 보는 눈이 넓어지고 깊어져서 객관적인 사실이나 일까지도 예사롭게 보지 않고 자기에게 끌어들이게 된다. 그래서 그 속에 들어 있는 알맹이를 찾아낼 수 있게 되는 것이다.

3. 얼거리 짜기

어떤 내용을 어떤 차례로 쓸 것인가 얼거리를 짜서 적어 보게 한다.

　저학년은 겪은 일을 생각나는 차례로 써 나가면 되지만 중학년부터는 글을 쓰기 전에 어떤 차례로, 어떤 내용을 쓸까 계획을 세워야 술술 써 내려갈 수 있다. 그러지 않으면 처음부터 주저할 수밖에 없다. 어떤 내용을 어떤 순서로 쓸까 계획을 세워 쓰면 글의 내용이 뒤죽박죽 되지 않고, 썼던 내용을 겹쳐 쓰지 않아 이해하기도 쉽다.

　길지 않은 글은 구태여 얼거리를 짤 필요까지 없겠지. 저학년도 꼭 이렇게까지 할 필요는 없을 것이다. 그러나 저학년에서도 얼거리 짜기를 정도에 맞게 자연스럽게 해 보도록 하는 것이 바람직하다고 본다.

　얼거리를 짤 때 교과서에서 배운 소설의 사건 전개 과정처럼 발단, 전개, 절정, 결말 따위로 공식화할 필요는 없다. 그저 일이 일어난 순서대로나, 자기 마음에서 저절로 중요하다고 여겨지는 것을 앞세우거나 해서 자연스럽게 짜도록 해야 한다.

　저학년에서 굳이 얼거리를 짜게 하려면 처음, 가운데, 끝 정도로 해서 머릿속에 얼거리를 짜 보도록 하면 되겠고, 중·고학년은 학년에 맞게 아래 보기처럼 짜 보도록 하면 좋겠다.

　다음과 같이 크게 3~5부분으로 나누고, 그에 따라 작은 일들을 순서에 맞게 짜서 적어 보게 한다. 이것이 바로 문단이 되는 것이다.

얼거리 짜서 적어 보기
글감 : 내 몸
처음 : 내 몸의 상처
① 내 몸은 상처투성이다.
② 목욕 가면 엄마가 핀잔을 준다.
가운데 : 상처에 얽힌 이야기
① 내 머리카락.
② 코에 생긴 상처.
③ 손톱 물어 뜯는 버릇.
④ 배꼽 주위에 있는 흉터.
⑤ 오른쪽 무릎에 꿰맨 흔적.
⑥ 왼쪽 무릎에 생긴 흉터.
끝 : 내 성질을 고쳐야 한다.
① 성질을 고쳐야만 나에게는 물론 다른 사람에게도 좋다.

물론 이오덕 선생님의 말처럼 글쓰기 며칠 전에 미리 알려서 생활하는 동안에 저절로 얼거리 짜기(구상)가 이루어지도록 한다든지, 정한 글감에 대해 조사와 관찰을 하도록 한다든지 직접 일을 하게 해서 얼거리 짜기가 이루어지도록 하는 것도 더 말할 것도 없는 좋은 방법이다.

저학년인 경우에는 겪었던 일을 발표시키면서 쓸 거리를 찾고 쓸 내용을 생각하도록 하고, 고학년인 경우에는 겪은 일과 견주어 자기를 깊이 살펴보도록 해서 생각과 느낌을 담아 얼거리를 짜는 것까지 지도해야 한다.

4. 겪어 보기

글쓰기에 앞서 그 때 그 일을 생생하게 되살려내어 좀더 또렷이 글의 줄거리를 잡을 수 있도록 얼거리의 차례에 따라 겪어 보게 한다.

어떤 일이든지 그 일을 실제로 하면서 그 자리에서 글을 쓰면 제일 생생하다. 그러나 그러기는 매우 어렵다. 대부분 글을 쓸 때는 이미 지난 일을 쓰는 것이 보통이다. 이 때 이미 지나간 일이기 때문에 많은 부분을 잊어버려서 글을 자세히 쓰기가 쉽지 않다. 따라서 지난 일을 떠올려 찾아내려면 그 때 그 일로 돌아가서 다시 겪어 보는 수밖에 없다.

시 쓰기에서 겪어 보기는 주로 그 때 그 순간의 감흥을 찾아내기 위한 것이지만, 산문 쓰기에서는 주로 이야기의 내용을 충분히 찾아내기 위한 것이다.

글을 쓸 때 겪어 보기가 이루어지겠지만 미리 글 쓸 차례대로 얼거리를 적어 놓은 것을 그 때 그 감정으로 한 번 더 끝까지 마음으로 자세하게 겪어 보고 쓰는 것이 좋겠다.

이 때 더 많은 자료를 찾아 보태기도 하고, 불현듯 뒷부분이 먼저 생각나면 그것도 잊기 전에 적어 두도록 하는 것이 좋다.

5. 글쓰기

얼거리 짠 차례대로 사실과 생각과 감정을 표현해 나가는 단계로 말하듯이 술술 써 내려가게 한다.

얼거리 짜기와 겪어 보기가 다 되었으면 얼거리 짠 차례대로 글로 써서 나타내어야 한다. 사실과 생각과 감정을 글로 표현하는 중요한 단계라 할 수 있다.

앞 단계에서 얼거리를 짜기는 했지만 꼭 그 순서에 얽매여 써 나갈 필요는 없다. 그저 말하듯이 술술 나오는 대로 쓰도록 한다. 형식에 얽매이다 보면 죽은 글이 되기 쉽기 때문이다.

글쓰기 태도는 어떻게 지도해야 하는가? 다시 이오덕 선생님의 말을 옮겨본다.

쓰기의 일반적인 태도 지도
□ 감흥이 나는 대로 한꺼번에 써 내려가도록 한다.
□ 본 대로 들은 대로 있는 그대로 솔직하게 쓰도록 한다.
□ 자기의 생각이 남들에게 잘 전해지도록 자세하게, 정확하게 쓰도록 한다.
□ 자기 자신의 말로 쓰도록 한다.
□ 긴 글은 끈기 있게 쓰도록 한다. 긴 글을 쓰게 할 때는 도중에서 쉬게 할 수도 있고, 때로는 며칠을 두고 계속 쓰게 할 수도 있다.
□ 의식을 집중시키도록 하는 것이 중요하다(조용하게 한다).
□ 저학년에서는 발음해 가면서 쓰는 것을 허용한다.
□ 작품 끝에는 반드시 쓴 날짜를 적어 두는 습관을 들인다.
(《삶을 가꾸는 글쓰기 교육》 이오덕, 보리, 142~143쪽에서 간추림)

자신이 보고 듣고 느낀 것을 자신의 삶 속에서 나오는 말투로 솔직하게 쓰도록 하되, 글에 따라 어떤 문제에 대해서 좀더 깊이 생각해 보고, 나와 나의 주위의 삶을 같이 생각하고, 옳고 그른 것이 무엇인지도 따져 보고, 그에 따라 어떻게 하면 좋을까도 생각하면서 쓰도록 하면 더욱 좋겠다.

다시 한번 더 강조하지만 글을 쓸 때 중요한 것은, 글 쓰는 일에도 글 속의 일에도 아주 빠져 들도록 하는 것이다. 가장 활발하게, 가장 세밀하게 겪으며 글 속의 그 때 그 일에 빠져 들게 함과 아울러 때로는 그 때 그 일을 지금의 생각에 비추어 보기도 해야 한다.

또 행동, 모습, 표정, 주위 환경, 이야기, 사실 따위를 정확하게, 자세하게 쓰는 것도 강조해서 지도해야 한다.

6. 다시 읽고 보태어 쓰기

글의 모자라는 부분을 다시 한번 더 겪으면서 더 자세하도록, 더 정확하도록 보태어 쓰게 한다.

'보태어 쓰기'는 따지자면 글 고치기에 들어가겠지만 여기서는 따로 끌어내었다.

긴 글을 쓸 때, 글 속에 빠져 들어가 한꺼번에 써 내려간 다음 차근차근 읽어 보면 중요한 내용이 빠져서 무얼 썼는지 잘 모르는 부분과 사실이 자세하지 못하거나 표현이 생생하지 못해서 살아 있는 느낌을 주지 못한 부분 따위들이 드러나게 된다. 이런 부분들을 다시 한 번 더 겪으면서 보태어 쓰거나, 더 자세하게, 더 정확하게 나타내어 완전한 글이 되도록 하는 것이 '보태어 쓰기'다.

이 때 글 모두를 다시 옮겨 쓰면서 보태어 쓰는 것은 시간도 너무 많이 걸리고, 아이들이 싫증을 낼 수도 있다. 그래서 먼저 글을 읽어가며 보태어 써야 할 부분에 밑줄을 그으며 번호를 붙여 놓고, 다른 종이에 번호에 따라 보태어 쓰도록 한다.

그런 후 1차 개별 지도를 할 경우 지도 교사가 다시 읽어 보고 아이들 눈으로 발견하지 못한 곳에 표시를 해서 글을 쓴 아이 스스로 자세히 보태어 쓰도록 한다.

2차 개별 지도를 할 경우 마주 앉아 글 쓴 아이가 더 경험하고 생각했을 부분의 장면들을 생생하게 살려내도록 도움말을 해주고 자세히 보태어 쓰도록 한다. 이 때 교사의 생각이 끼여 들지 않도록 해야 한다.

'보태어 쓰기'는 글을 쓴 다음 바로 하는 것도 좋지만 아이가 싫증을 내는 수가 많으니 하루나 이틀쯤 쉬었다 다시 차근차근 읽어보고 하도록 하는 것이 더 좋다. 그렇게 하면 바로 이어서 하는 것보다 생각의 폭이 넓어지고, 깊이도 생겨 더 완전한 글을 쓸 수 있어 좋다. 그러나 너무 여러 날 지나 버리면 그 때 그 사실을 잊어버릴 수도 있고, 그 때 그 감정이 더 엷어질 수도 있어 또 좋지 않다.

설명문, 주장하는 글, 조사 기록문 같은 것은 좀더 기간을 두고 해도 좋겠다. 그 기간에 부족한 자료들을 찾아 보고 실제로 경험해 보기도 하며 보충할 수 있기 때문이다.

가끔 한 번씩은 글 한 편을 놓고 보태어 쓰기를 두세 차례 해 보는 것도 좋은 공부가 된다.

다음은 보태어 쓰기를 지도한 보기이다(숫자 표시한 곳은 교사가 지적해 준 것임).

처음 쓴 글

내 몸

경북 경산 중앙초등학교 6학년 윤지현

내 몸은 엉망이다. 여기저기 ①상처투성이다.

목욕을 가면 가끔 엄마는 나보고

"어떻게 해서 몸뚱이라는 게 성한 데가 없어, 없길②……."

하고 말하신다. 날 위해서 하는 소리지만 이런 말을 들으면 난 몹시 기분이 안 좋다. 하지만 엄마가 말한 모든 게 사실인걸. 엄마에게 '이건 누구 때문에 그렇고, 이건 누구 때문에 이렇게 되었다.' 라고 핑계를 댈 수도 없다. 모두가 나로 인하여 난 상처이기 때문이다.

우선 머리부터 보면 머리는 언제나 밖으로 구부러져 있다. 엄마가

"머리도 뭐같이 해가지고는……. 밖에서 자석이 끌어당기나. 이리 온나, 드라이 해 줄게."

해서 앞에 앉으면 드라이를 ③해 주신다. 그래도 곱게 되긴커녕 폭탄

을 맞은 괴물처럼 된 것 같다. 내 머리는 왜 이런지 모르겠다. 엄마가 그러는데 난 너무 신경을 안 쓴다고 한다. 몸을 가꿀 생각은 안 하고 머리를 감으면 드러누워 자고, 목욕을 하면 금세 먼지를 뒤집어쓴단 다.

머리뿐만이 아니다. 얼굴에 와서 코를 봐도 무엇 하나 참을성이 있는 게 없다는 것을 알 수 있다.

어느 날이었다. 코를 만져 보니 뭔가 오돌도돌하게 나 있었다. 난 못된 성질에 이 오돌도돌한 것이 성가셔서 검지 손톱으로 막 긁었다. 그랬더니 피가 나고 딱지가 생겼다. 참 보기 흉하게 되어 있다. 지금도 딱지가 붙어 있는데 난 이것을 그냥 긁고 싶다. 하지만 이 조그마한 것은 참아야지 큰 것도 참을 수 있을 것이라고 생각해서 지금은 인내심을 기르고 있는 것이다.

또 손톱도 말이 아니다. 난 어렸을 때부터 안 좋은 버릇을 가지고 있다. 손톱을 깨무는 버릇이다. 세 살 버릇이 여든까지 간다고 하는데 큰일이다. 손톱을 깨물어 살이 일어나고 했는데 이 버릇이 여든까지 간다면 내 손은 어떻게 될까? 와아, 상상조차 할 수 없다. 무척 고치려고 노력하지만 일이 잘 안 되면 손이 으레 입으로 달려간다. 빨리 고쳐야 되는데 참 잘 안 된다.

또 나는 배꼽 주위에 여러 개의 흉터가 있다. 이 흉터는 수두로 인하여 생긴 것이다. 어렸을 때부터 있었는데 지금은 더 커졌다. 참지 못하는 성질을 가진 나는 긁고 싶어 몸부림을 쳤다. 이것을 걱정하여 여름인데도 손에 장갑을 꼈다. 그런데 잠자다가 그만 장갑을 벗고 긁어 버렸다. 그래서 보기 흉한 흉터가 생긴 것이다.

④⑤ 난 정말 문제다. 이 성질을 빨리 고쳐야 하는데……. 아끼고 아끼는 몸에게조차 이 성질을 못 참는데 내가 아닌 다른 사람에게는 도대체 어떨까 싶다. 조심성, 참을성을 기르고, 나쁜 버릇과 나쁜 성질은 빨리 고쳐야 한다. 그래야 나에게는 물론 다른 사람한테도 좋을

거니까.

보태어 쓴 글
① 긁혀서 딱지가 붙어 있고, 뭐가 나고, 찢어져서 꿰맨 흉터가 있다. 한 마디로 말하면
② "니는 도대체 왜 이렇노. 다 찢기고 멍들고 도대체 이거 누구 딸래미고. 바람 불면 펄럭이는 헝겊 조각도 니 몸뚱이보다는 더 강하겠다. 니가 종이가 뭐꼬? 그리고 니 도대체 남자가 여자가? 맨날 천날 돌아다니며 먼지 뒤집어쓰고 노니까 몸이 상처투성이지. 니 집에 가가 영진이 좀 봐래이. 갸는 남자라도 무릎 딱지 진 것 하나밖에 상처 없데이. 니는 다 좋은데 몸 애끼는 건 동생 본 좀 받아라, 응."
이런 식으로 말씀하신다. 그리고는 끝에 꼭 붙이는 말도 빼지 않으신다.
"니 시집 갈래, 안 갈래?"
③ 해 주시며 또 잔소리시다.
"참말로 머리를 우예 간수해서 빗이 이래 안 내려가노. 아이고야, 여자야 여자야, 머리도 억세기는……."
엄마가 잔소리하시며 하긴 했지만 다 하고 봐도 내가 보기에는
④ 오른쪽 무릎에는 꿰맨 흉터가 있다. 내가 전에 살던 집 옆에는 도랑이 있었다. 맨날 촐랑거리는 나는 도랑에서 발장난을 하다가 발을 헛디뎠다. 그러다 넘어졌는데 살이 떨어져 나갈 정도로 찢어진 것이다. 옆집 아저씨 차를 타고 병원으로 향했다. 병원으로 가는데 차가 막혀 무척 오래 걸렸다. 갔더니 늦었다고 병원에서는 마취 주사도 안 놓고 그냥 생살을 꿰맸다. 얼마나 아팠는지 지금은 상상도 못 하겠다. 이 아픔을 겪어야 했던 것도 다 내 덤벙거림 때문이었다. 그런데 이 꿰매기를 잘못했는지 실밥 푸는 것을 잘못했는지 하여튼 무엇 때문인지 갈색으로 쭈글쭈글한 흉터가 생겼다. 다른 살을 보면 갈라진

것을 볼 수 있는데 이 살만은 맨들맨들하다. 정말 보기 흉하다.

⑤ 또 왼쪽 무릎에도 상처가 있다. 딴 아이들의 무릎을 보면 난 무척 부럽다. 아무 흉터가 없기 때문이다. 하지만 난 두 무릎에 한 군데도 안 빼고 다 흉터가 있다.

왼쪽 무릎에 있는 상처는 이런 일로 해서 생겼다. 하루는 해가 저물어 어둑어둑해질 때 엄마 심부름으로 가게에 가게 되었다. 가다가 동전을 떨어뜨리고 말았다. 엎드려 찾다가 없어서 일어나 몇 발짝 가다가 돌뿌리에 걸려 그만 넘어지고 말았다. 그래서 흘렸던 동전도 잃어버리고 무릎만 다쳤다. 이 무릎에 딱지가 앉았다. 며칠이 지나니 딱지가 거의 떨어질랑말랑했다. 너무나 귀찮아서 그냥 확 떼어버렸다. 그랬더니 이렇게 검은 흉터가 남았다.

위의 처음 쓴 글에 보태어 쓴 글을 넣어 읽으려면 이렇게 읽으면 된다.

'내 몸은 엉망이다. 여기저기 ① 상처투성이다.

목욕을 가면 …… 성한 데가 없어, 없길. ② 날 위해서 하는 소리지만 …… 난 상처이기 때문이다.

우선 머리부터 보면 …… 앞에 앉으면 드라이를 ③ 곱게 되긴커녕 폭탄 맞은 괴물처럼 …… 먼지를 뒤집어쓴단다.

머리뿐만이 아니다. …… 그래서 보기 흉한 흉터가 생긴 것이다.

④ ⑤ 난 정말 문제다. …… 다른 사람한테도 좋을 거니까.'

7. 글 고치고 다듬기

다 쓴 글을 다시 차근차근 읽어보면서 모자라는 곳은 더 보태고, 틀린 곳은 고치고, 필요 없는 곳은 줄여 사실과 생각을 충실히, 정확하게 나타내게 한다.

글을 처음 쓸 때나 보태어 쓸 때는 전체 내용에 충실하다 보니 작은 곳까지 요것 조것 살피기는 쉽지 않다. 그래서 다 쓴 뒤에 차근차근 읽어 보면 모자라는 곳이 또 많이 나타나게 된다. 따라서 좀더 보태고, 바르게 고치고, 필요 없는 곳을 줄여야 자신이 나타내고 싶었던 사실이나 생각을 충실히, 정확하게 나타낼 수 있다.

글 고치기는 쓴 사람 자신이 찾아서 하도록 하는 것이 제일 좋다. 내용면은 더욱 그렇다. 그러나 능력이 모자라는 아이들은 스스로 고쳐야 할 곳을 빠짐 없이 찾아 내기가 쉽지 않다. 개별 지도는 그래서 필요한 것이다.

개별 지도는 지도 교사가 글에서 무엇을 어떻게 고쳐야 할지 고쳐야 할 곳에 약속 기호나 말로 표시해 주고 고치는 것은 아이 스스로 하도록 하는 방법과 아이와 교사가 마주 앉아 글을 읽으면서 고쳐야 할 곳을 지적해 주고 글 쓴 아이가 교사 앞에서 고치는 방법이 있다. 교사는 아이 자신의 생각을 최대한으로 이끌어 내도록 어떤 점이 잘못되었는지 지적만 해 주고 도와 주는 일만 할 뿐이다. 이 때 지도 교사의 생각이 조금이라도 들어가지 않도록 조심해야 한다. 더구나 어른의 마음대로 글을 고쳐 쓰게 하거나 아이들의 글을 건드리는 짓은 절대로 해서는 안 된다. 그것은 아이들의 삶을 가꾸는 것이 아니라 짓밟는 행위이다.

이오덕 선생님은 글 고치기 지도에서 유의할 점을 다음과 같이 들었다.

내용면
☐ 쓰려고 했던 것이 충분히 나타났는가?
☐ 무엇을 썼는지 알 수 없는 곳, 확실하지 않은 표현은 없는가?
☐ 남들에게 잘 보이려고 쓴 것이 아닌가?
☐ 사실에 꼭 맞는 말이요, 글인가?
☐ 좀더 자세히 써야 할 점은 없는가?

□ 필요 없는 말, 줄여도 될 부분은 없는가?
□ 자기 자신의 말로 썼는가?

형식면

□ 틀린 글자, 빠뜨린 글자는 없는가?
□ 문법과 어법에 맞게 썼는가?
□ 띄어쓰기는 잘 되었는가?
□ 구둣점과 부호는 틀림이 없는가?
□ 문단은 잘 나누어졌는가?
□ 그 밖에, 원고지 쓰는 법을 지켰는가?

글 고치기를 할 때의 약속 기호

□ ×× 틀린 글자.
(♂ 틀린 글자를 바꿀 때 쓰는 기호. 예: 밥을 먹었다.)
□ ∨ 띄어서 써라.
□ ⌒ 붙여서 써라.
□ ( ) 없어도 좋지 않을까?
(♂ 필요 없는 말을 빼어버릴 때 쓰는 기호. 예: 밥을 먹었다.)
□ ∿∿ 잘 생각해 보아라.
□ △△ 사실이 틀리지 않는지?
□ ∿∿? 무엇을 썼는지 모르겠다.
(＼＿＿／ 문장 속의 틀린 곳을 다시 고쳐 쓸 때 쓰는 기호.
예: 밥을 먹었다.)
□ ＝＝ 좀더 자세히 썼으면 좋겠다.
□ …… 잘 썼다.
□ ＿⌐ 줄을 바꿔서 쓸 것.

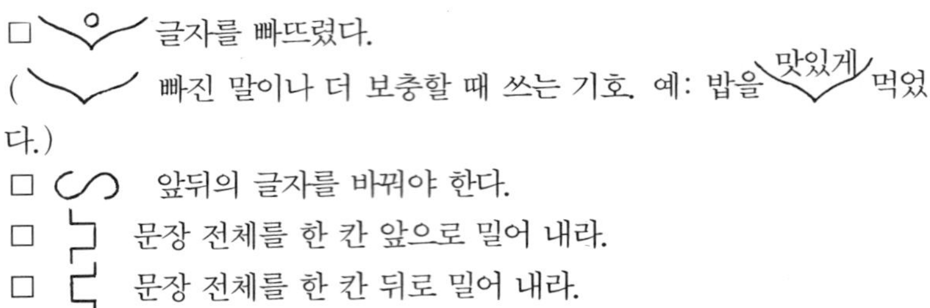

　이처럼 글 고치기를 할 때는 내용면과 형식면으로 나누어 하는 것이 좋은데, 먼저 내용면을 충분히 고치고 난 뒤에 형식면을 고쳐야 글 쓴 사람이 나타내려고 하는 것을 제대로 나타낼 수 있다. 무슨 일이든지 형식에 너무 힘을 기울이다 보면 내용은 별로 볼 것이 없듯이 글쓰기도 마찬가지다. 형식에 얽매이다 보면 줄줄 이어서 되살아나던 그 때 그 일의 기억들을 틀에 가두어 버리거나 막아 버려서 충분히 나타낼 수가 없기 때문이다.

　다시 한 번 더 정리하면, 내용면은 글을 쓴 사람 자신이 나타내고 싶었던 것들을 충분히 잘 나타내지 못한 곳에는 보태어 쓰고, 겹쳐 나온 곳이나 필요 없는 곳은 빼어 버리고, 글의 흐름에 맞지 않는 잘못된 곳은 바로잡는 것이다. 또 자신의 행위와 느낌과 생각을 진솔하게 드러내었나 하는 것과 억지로 꾸며 쓴 것은 없나 하는 것도 살펴보고 고쳐야 한다.

　형식면으로는 문법이 틀린 것, 틀린 글자, 쓸데없는 외래어, 자신도 모르게 쓰는 한자말, 맞지 않는 어려운 말, 띄어쓰기, 부호, 원고지 쓰기 따위를 바로잡아 고쳐 쓰는 것이다.

　나는 보태어 쓰기를 한 뒤, 보통 처음에 글 고치기 요령을 학년에 맞게 설명해 주고 자기의 글을 스스로 고치게 한다. 그 다음에 원고지에 고칠 점을 지적해 주며 고치게 하고, 그래도 모자라는 점이 나타나면 글을 쓴 아이와 마주 앉아 정도에 맞게 설명해 주고 고치게 한다.

　지도 과정에서 여러 아이들에게서 공통으로 나타나는 문제점은 전체 아이들을 대상으로 다시 지도한다.

　처음 아이들 스스로 고치게 할 때는 한꺼번에 여러 가지를 다 고치게 하지 말고 한 번에 한두 가지 목표를 두고 하는 것이 좋다.

　아이들의 글은 어른이 볼 때는 틀린 것도 자기 표현의 수단이 되는 것이니만큼 때에 따라서는 틀린 글도 그대로 살려 두는 것이 좋고, 고치더라도 지도 교사의 생각이 절대로 들어가지 않게 글을 쓴 아이 자신의 뜻대로 해야 한다는 것을 마음에 꼭 새겨 두자.

글을 더 생생하게 쓰는 두 가지 방법

　아이들에게 글을 생생하게 쓸 수 있도록 가르치는 일이 그리 쉽지가 않다. 왜냐 하면 말이나 생각, 나아가서는 행위까지도 관념화, 개념화된 상태로 굳어져 있기 때문이다. 순수한 우리 말이나 행위가 관념화되었으면 또 다행인데 몹쓸 외래 문화로 오염된 생각이나 행위가 관념화된 것은 정말 문제가 아닐 수 없다. 그게 잘못되었다고 말하면 오히려 바보로 보는 판이니까 관념을 벗어나기란 더욱 어려운 일이다.

　나는 아이들이 관념에서 벗어나 글을 생생하게 쓰도록 하는 방법으로 전부터 대화글 쓰기를 지도해 왔고, 올해부터는 사생글 쓰기 지도도 해 보았다.

1. 귀로 들은 대로 생생하게 되살려 쓰기

　대화 속에는 말을 주고받는 사람의 형편이나 생각, 감정이 가장 진솔하게 배어 있다고 본다. 그뿐만 아니라 사건의 배경까지도 담겨 있다. 따라서 글을 쓸 때 대화글을 알맞게 쓰면 글이 아주 생생하게 살아나게 된다.

　가끔 '대화글'을 따로 써 보도록 지도해 보는 것도 좋다. 대화글을 쓰게 할 때는 현장에서 듣는 그대로 쓰도록 하고 될 수 있는 대로 대화 밖의 군더더기 말은 넣지 않도록 한다.

대화글 1
싸움

경북 경산 중앙초등학교 6학년 이미례

옆집의 아줌마와 아저씨가 아이 문제로 싸우고 있다.

아줌마가 먼저 소리친다.

"아니, 아이를 데리고 와야지. 언제까지 할머니 집에 둘 거예요?"

"아니 그럼, 데리고 와서 우리 회사 가면 혼자 집에 있어? 어떻게 해야 할지 당신이 말해 봐. 당신이 회사 그만 둘거야? 그만 두고 현이 데리고 와?"

"아니, 그만두긴 왜 그만둬요."

"그럼, 어떻게 키울 건데? 다섯 살짜리가 혼자 집에 있나?"

아줌마가 더 큰 소리를 낸다.

"유아원에 맡겨 두고 회사에서 오면서 데리고 오면 되잖아."

"아니 뭐야? 그럼 할머니 집에 그냥 있는 것이 그것보다 안 낫나? 현이가 할머니 집에 있으며 친구들과 노는 것을 더 좋아하잖아."

아줌마는 방바닥에 주저앉더니 아저씨를 보면서 금방 울 것처럼 말한다.

"그럼 평생 할머니 집에 두고 엄마 노릇 한 번도 못 하나. 세 살 때부터 할머니 집에서 자라 왔잖아요. 나하고 같이 사는 게 어떤데?"

"허허 엄마 노릇 똑바로 할라면 회사를 그만둬야지."

"아니 뭐요? 내가 회사 다니는 데 당신 불만 많아? 그럼, 그만두면 되잖아. 당신이 혼자 번 돈으로 다 돌아갈 것 같아요? 당신 혼자 벌어서 우리 세 식구 먹여 살려 보라구요."

"어떻게든지 밥만 먹으면 되잖아. 걱정 마, 밥은 먹을 수 있을 테니까.”

아저씨는 담배를 하나 내어서 입에 물고는 피우며

“어떻게 하든 당신 마음대로 하라구. 나는 이제 모르겠으니까 당신
이 다 알아서 해.”

이렇게 말하고는 신을 신고 밖으로 나갔다.

“좋아, 내가 집에 있을 테니까. 당신이 지금까지 살아온 것처럼 먹
여 살려 보라구.”

그만 눈물을 흘리고 말았다. 나를 보더니 문을 ‘꽝!’ 닫고는

“어어어어어어……”

쉬지 않고 계속 울면서, 물건을 던졌는지 ‘쨍그랑’ 소리가 들리더니
조용했다.

대화글 2

고등어 파는 아저씨

경북 경산 중앙초등학교 6학년 이주현

고등어 파는 아저씨가 손님을 끈다.

“홍도야 우지 마라 아 글씨 오빠가 이이있다아 아 글씨……”

도마를 칼로 치면서 장단을 맞추기도 한다.

어떤 손님이 온다.

“야, 야, 여기 생고등어 있다. 아저씨, 생고등어 얼마예요?”

“전국으로 천 원입니다.”

아저씨가 익숙한 솜씨로 고등어를 자를 때 ‘착착착’ 소리가 난다.

또 손님이 한 사람 온다.

“고등어 얼마예요?”

“천 원입니다, 천 원.”

“고등어 대가리 자르지 말고 그냥 주이소. 내장만 빼고 주이소. 우
리 집은 고등어 대가리 없으면 안 먹으예.”

"고등어 대가리에 영양가가 많은 거 TV 보고 아셨는가 봐."
"아니요. 그런 거는 모르고, 대가리 자르지 마이소."
어떤 늙으신 할머니 손님이 왔다.
"고등어 얼마요?"
"천 원, 천 원입니다."
"고등어 오백 원치는 안 팔아요?"
"시방 우야꼬. 오백 원치가 뭐꼬. 우야꼬."
"천 원, 천 원입니다. 사랑이 야속하더라 가는 당신이 야속하더라
아. 고등어를 자르는 것도 그렇고 나는 우리 집사람하고 사람 말을
너무 잘 들어 큰일났어요. 우야꼬 우야꼬. 자아 내가 누구여. 내가
파는 것은 술술 잘 팔려. 이 사람은 거짓말 안 합니다. 고기 심장
얼을라 카마 나한테 와요. 6월달 되면 포동포동한 창자하고 쪼오
타. 자아 고등어 천 원, 천 원이여. 나는 뭐든지 팔면 끝내 준다."
아저씨는 자꾸 자랑을 했다.
"비닐 봉지 좀 잡아 주소."
"안 되예. 손에 비릉내 나면 어떻게 해요."
"그까짓 거 비릉내, 나는 1년 내내 맡고 살아요. 봉지 좀 잡아 주
소. 안 그러면 안 팝니다."
손님이 마지못해 잡아주었다.
"쪼오타 천 원, 천 원, 천 원입니다아. 고등어 세일합니다. 90프로
세일. 자아 어서 오세요."
아저씨는 열심히 고기를 판다.

대화글 3
채소 파는 아저씨

경북 경산 중앙초등학교 6학년 소미령

"자아 한 단 800원, 두 단 1500원."

"아저씨, 이거 얼마라예?"

"그거? 800원, 저 옆에 1500원, 뭐 주까요?"

"800원짜리 두 단 주소."

"이거요?"

"마, 아무거나 주소."

"아저씨, 두 단에 1000원 주면 안 되겠능교?"

"아주매요, 두 단에 1000원 주면 장사해서 남는 게 뭐 있겠능교?"

"알았으예, 퍼뜩 주소."

"안녕히 가이소."

아저씨는 다리를 벌리고 앉아 담배를 쭉쭉 피고 있다. 한참이 지나도 손님이 없자 담배를 던지고 발로 쓱쓱 문대고 일어선다.

"한 단 800원, 두 단 1500원, 빨리 빨리 사가소. 아주매, 이것 좀 사가소. 김치 담을 때 넣으면 얼마나 맛있능교."

그러더니 중얼거린다.

"디기 안 사가네, 에이 씨팔."

"아저씨, 이거 얼마라예."

"800냥이라예."

"뭐 이래 시들시들하노. 맛도 없겠다."

"뭐가예? 얼마나 맛있다고요."

"이게 뭐 800원이라예, 500원만 주면 되겠구만."

"정 찝찝하마 사가지 마소. 맛없는 거 사가서 뭐 할라꼬. 사가지 마소."

"마, 한 단 주이소."

"어는 거 주까예?"

"저거 주이소."

"이거예?"

"언지예. 그 옆에 거."

"이거예? 앗따 좋구만."
"800원이라 캤지예? 자요. 많이 파이소."
"안녕히 가이소. 잘 해 무소."
옆에서 장사하던 아줌마가 말한다.
"잘 팔리능교? 나는 하나도 안 팔린다, 우짜노. 꼴랑 삼만 원 벌었다. 우짜마 좋노."
"나도 오늘 장사 지지리 안 된다. 일찍 마치고 들어갔뿌자. 한 단 800원, 두 단 1500원! 두 단 1500원, 두단 1500원, 1500원!"
"아저씨, 이거 얼마예요?"
"800원이라예."
아주머니는 아무 말 않고 그냥 간다.
"에이 씨팔, 마 사가꼬 가지."
"두 단 1500원, 1500원 퍼뜩퍼뜩 와서 사갔뿌소! 아주매, 이거 좀 사갔뿌소. 야, 야, 니는 뭐 하노? 뭐 주꼬?"
나는 아저씨가 자꾸 물어봐서 그냥 와버렸다.

대화글 4
엄마와 딸

경북 경산 중앙초등학교 6학년 이정하

차 안에서 엄마와 네 살쯤 돼 보이는 딸이 이야기하는 것을 써 보았다.
"엄마, 재미있는 이야기해 줘."
"무슨 얘기 해 주꼬?"
"아무거나 해 줘 응. 선녀 이야기 해 줘."
"옛날에 나무꾼이 살았어. 어느 날 산에서 사슴을 만났거든."
"응, 응."
"그 사슴이 나무꾼에게 계곡에 가 보라고 했어. 나무꾼은 보름달이

환히 뜨는 밤 계곡에 가서는 선녀 옷 중 한 벌만 훔쳤어. 나중에는 선녀와 나무꾼은 결혼을 했어. 근데 사슴이 아이를 셋이 놓(낳)을 때까지 선녀의 옷을 주지 마라 했어.”
“아니다. 할무니가 아기를 조금 놓아도 옷 줘도 된다고 말했다. 근데 엄마 이야기하는 거하고 다르다.”
“으응, 나중에 엄마가 할무이 집에 전화 걸어 봐서 물어 보게.”
그 때 꼬마가 울상을 짓다가 울음을 터뜨렸다.
“씨끄럽다. 씨끄럽다. 저 꽃 핏네, 아이구 이쁘다.”
“민들레?”
“그래, 민들레. 우리 민주 참 착하네. 민들레도 다 알고, 인자 민주도 다 컸는갑다.”
그 엄마와 딸은 다음 정거장에서 내렸다.

대화글 5
운전수 아저씨

경북 경산 중앙초등학교 6학년 이창훈

버스를 타고 집으로 오는데 경산 오거리를 돌 때였다. 옆에 있던 71번 버스가 75번 버스하고 같이 커브를 틀다가 부딪칠 뻔했다.
그러자 75번 버스 기사가 먼저 말했다.
“저게 미쳤나.”
“니가 잘못했나, 내가 잘못했나? 니가 커브를 잘 틀어야지 남보고 지랄이고 응!”
“뭐, 이게 미쳤나. 그카마 니가 잘했단 말이가? 이게 아직도 정신 못 차릿나.”
“니 한번 죽어볼래.”
그러나 서로 욕만 할 뿐 싸우지는 않았다. 뒤에서는
“뭐하는교. 빨리 가소!”

"싸울라 카마 다른 데서 싸우지 하필이면 길에서 싸우는교."
그러자 버스에 탄 사람들이 서로 말렸다.
"아저씨가 참으소. 참고 그냥 가이소."
"아저씨도 참으소."
그런데 저 쪽에서 경찰이 말했다.
"뭔 일인교? 퍼떡 가소."
이제서야 움직이기 시작했다. 그러나 두 아저씨는 화가 안 풀리신
지 시무룩했다.
　내가 탄 75번 기사 아저씨는
"에이 시발 재수없어. 퇴이!"
그 때 71번 기사도
"카악 퇴이!"
하며 침을 뱉았다.
　75번 버스는 아직도 화가 안 풀린지
"퍼떡퍼떡 내리소. 어이, 학생, 구간 요금 냈어예?"
"아까 냈는데요."
"언제 냈는교? 요즘 학생들은 못돼 버렸어."
그러자 학생이
"참 내 더러워서."
하니 버스는 출발했다.

대화글 6
놀고 있는 남매

경북 경산 중앙초등학교 6학년 태혜선

"누나, 우리 시합하자."
"뭐?"
"훌라후프 많이 돌리기."

"아마 니가 질걸. 요번에는 두 번씩 니 혼자 하기 없데이?"

"싫다. 나는 못하잖아. 나는 두 번 한다. 안 그러면 안하고 내 혼자 과자 사 먹을 거다."

"치이, 지 마음대로 다 하려고 하고 나는 내 마음대로 못하나. 으응, 민호야? 그럼, 그렇게 하는 대신 과자 사서 많이 주기다. 안 그랬다 해 봐라. 니는 그 때 끝장이다."

"내부터 할 거다. 훌라후프 좀 갖다 도."

"어휴 속상해. 갖다 쓰면 덧나나. 갖다 놓는 건 니가 해래이."

누나는 한 번 꼬려 보더니 집에 가서 여러 색이 있는 훌라후프를 가져왔다.

"빨리 해라."

"나는 누나보다 잘 돌릴 거다. 훌라후프는 뚱뚱하고 허리 굵은 사람은 잘 못한다고 승열이가 카더라. 아참, 오늘 이기면 사탕 한 개 더 먹기 하자. 알겠나, 누나야?"

"빨리 돌리기나 해라. 돌리는 꼴 좀 봐라. 오리 궁디가 왔다갔다한다. 치이 나는 뭐 못 돌린다고? 지는 한 번도 못 하면서……."

"아니다. 이건 연습이다. 연습인 줄 알고 이렇게 돌렸다. 이제 진짜니까 잘 봐래이."

"씨이 씨이, 빨리 돌리기나 해라. 신경질 난다. 이번에는 연습 없데이? 오리 궁디 봐라, 이번에는 두 번 해도 한 번밖에 못 하네. 나는 니보다 잘 할 수 있데이, 각오해래이."

"우와! 누나 잘 하네. 근데 승열이 누나는 한 번에 네 번이나 돌린다 카던데 누나는 겨우 두 개가? 승열이 누나가 날씬하긴 날씬하네. 누나 이제 살 쫌 빼라. 그래야지 승열이 누나보다 잘 해서 내가 승열이한테 자랑하지."

"어, 엄마가 왜 오지?"

"민호하고 경미야, 먼지 털고 빨리 온나. 저녁밥 다 차렸다."

"누나야, 오늘은 누나가 이겼으니 사탕 한 개 더 무라. 다음에 승열이 누나하고 시합해가 이기면 머리 방울 한 개 사 주께."

"알겠다. 빨리 가자."

2. 눈으로 보고 그림 그리듯 쓰기

대화글과 아울러 사생글 쓰기 지도도 해 보는 것이 좋다. 92년 여름, 전국 글쓰기 연수회 때 아주 부끄럽게도 처음 사생글이란 것을 써 보았다. 그 뒤에 아이들에게도 쓰게 해 봐야겠다 싶어 몇 차례 지도해 보았다.

사생글은 사물을 바로 보고 듣고 한 것을 정확하게 그려 보이는 것으로 모든 글 속에 들어가 글을 생생하게 한다. 그러니까 모든 글쓰기의 기본이 되는 것이 바로 이 사생글 쓰기이다.

수첩을 가지고 다니며 언제 어디서나 짬이 나는 대로 써 보도록 지도함이 좋겠다. 사물을 바르고 정확하게 인식한 다음에라야 자기의 생각도 바로 설 것이기 때문에 더욱 그렇다.

사생글 쓰기의 예로 우리 반 아이들이 쓴 글 몇 편을 들어 보인다.

사생글 1
동생이 공부하는 모습

경북 경산 중앙초등학교 6학년 윤지현

앞에는 동생이 공부를 하고 있습니다.

바탕색이 검고 서랍이 하얀, 보통 책상보다 조금 큰 책상에 앉아 있습니다. 책상 위에는 자연 문제집과 필통, 자, 거울, 봉지, 공책 또 왼쪽 구석 모서리에는 검은 쓰레기통이 있습니다. 이것들이 책상 위에 너저분하게 널려 있습니다.

동생은 파란 방석과 등받이가 달린 회전 의자에 구부정히 앉아 열심히 무엇인가를 낙서하고 있습니다. 머리는 얌전히 빗어 넘겼는데

방금 손으로 쓰다듬어 앞머리가 앞으로 내려와 눈을 가렸습니다. 옷은 티셔츠를 입었는데 노란색과 흰색이 가로로 바뀌며 그어져 있고, 배와 앞가슴 가운데 오리 그림이 있습니다. 바지는 진한 풀색 체육복을 입었고, 발은 회전 의자 바퀴 다리 위에 올려져 있습니다. 눈은 자연 문제집을 보느라 밑으로 내리깔려 있고, 입은 자꾸만 깨물었다 내밀었다 옆으로 돌렸다가 장난을 칩니다. 왼쪽 손은 책상 위에 길게 뻗어놓고 있고 오른손은 볼펜을 잡고 있는데 볼펜 위의 단추를 눌렀다 뺐다 되풀이합니다.

한참 있다가 문제집을 한 쪽 다 풀었는지 한 장을 '스르륵' 넘깁니다. 눈은 쉬는 듯 힐끔 천장을 쳐다보았다가 다시 문제집을 봅니다. 어려운 문제가 있는지 놓아 두었던 왼손을 이마에 짚었다 눈에 짚었다 머리를 긁었다 턱을 굅니다. 오른손은 모르는 문제에 낙서만 합니다. 갑자기 모르는 문제 낙서를 더 세게 하다가 '하우' 하고 한숨을 쉬면서 회전 의자를 뒤로 팍 찹니다. 그러고는 문제집과 볼펜을 들고 신경질이 난 듯 '쿵쿵쿵' 소리를 내며 방문을 나서 주방 식탁으로 걸어가 의자를 쑥 빼고 앉더니 문제를 다시 풉니다. 손에 있는 볼펜은 입에 물고 있다가 모르는 문제를 풀었는지 웃음을 지으며 답을 씁니다.

한 문제를 풀었는데 볼일이 급한지 문제집을 들고 화장실로 뛰어들어갑니다. 변기에 앉아서 문제집을 푸는데 다리는 변기 구석 뒤로 제쳐 있고, 옷은 치켜올려 턱으로 잡고, 문제집은 허벅지 위에 올려놓고 풉니다. 한 문제 풀고는 그 자세가 불편한지 다시 허벅지와 가슴이 닿도록 숙여서 왼손에 문제집을 들고 오른손으로 볼펜을 들고 풉니다. 속이 몹시 안 좋은지 냄새 지독한 방구를 '뿅' 하고 뀝니다. 졸리는지 눈을 꿈벅꿈벅거리며 문제집을 풉니다. 숙인 자세도 불편한지 팔꿈치를 허벅지에 대고 눈 앞에 왼손으로 문제집을 들고 오른손으로 볼펜을 들고 문제집을 풉니다. 입으로는 문제집을 읽는 시늉을 하고 눈은 쉴새없이 옆으로 왔다갔다합니다.

한 문제를 풀더니 더 이상 문제집을 못 풀겠는지 문제집을 접고 뒤를 닦고 나와 침대로 가 이불을 푹 뒤집어쓰고 잠을 잡니다.

사생글 2
아빠가 텔레비전 보는 모습
경북 경산 중앙초등학교 6학년 소미령

지금 아빠가 텔레비전을 보고 있다. 다리 하나를 피아노 의자 위에 얹고, 한 쪽 다리는 소파에 내려 두고 앉아 있다. 팔은 양팔을 끼고 있고 고개를 약간 삐뚤게 놓아 두고 있다.

이렇게 한참을 앉아 있다가 하품을 한 번 하고 오른손으로 머리를 한 번 긁적긁적하다가 피아노 의자에 있던 다리를 소파에 걸쳐 놓고, 손은 깍지를 낀 상태로 앉아 있다. 가끔 눈도 깜박깜박거리고 하품도 아주 크게 한다. 조금 전에는 오른쪽 다리를 쭉 펴고 앉더니 한숨을 푹 내쉰다. 그러더니 왼쪽 다리를 소파 모서리에 턱 걸친다. 소파에 턱 걸쳐 놓았던 다리를, 내려 놓았던 다리 위에 얹어 ㄱ자 반대 모양 비슷하게 하고 앉아 있다. 그리고 몸을 옆으로 더 기울이고 숨을 한 번 더 크게 내쉰다. 팔짱 끼고 있던 팔을 풀고 한 손으로 머리를 긁적이다가 한 팔은 앞으로 내고 한 팔은 런닝구 속으로 넣었다. 발은 오른발을 왼발 위에 얹어 놓고 있다. 가끔씩 발가락을 꼼지락꼼지락 움직이고 있다. 고개는 여전히 비스듬히 놓여 있다. 그리고 입을 벌리고 앉아 있다. 배는 올랐다 내렸다 한다. 입을 좌우로 움직이다가 다시 다물었다. 조금 전에 오른발의 엄지발가락을 앞뒤로 움직였다.

텔레비전 뉴스가 끝나자 하품을 하며 기지개를 펴고 나더니 소파에서 일어나 큰방으로 걸어가셨다.

사생글 3

나물 파는 할머니

경북 경산 중앙초등학교 6학년 이미례

시장 끝에 가니 그 곳에서 어떤 할머니가 냉이, 호박, 달래를 팔고 있었다. 그 할머니는 아주 많이 늙었다. 지나가는 사람들은 그 근처만 갔다가 그냥 가 버렸다. 그런데 어떤 젊은 여자 한 사람이 곁으로 가니 그 할머니는 비닐 봉지를 하나 쥐고는

"싸게 해 줄 테니까 가져가요. 젊은 색시, 어디 가 봐요, 이보다 더 싼 데가 있나."

이렇게 말하는 것이었다. 그러자 그 젊은 여자분은 나물을 사갔다. 그 할머니는 돈을 치마 속주머니에 넣고는 지나가는 사람을 보고 또

"젊은 색시, 이거 사요. 농촌에 가는 것보다는 이게 낫지. 색시, 사요."

한다. 그러나 지나가는 사람들은 그냥 보고는 가 버리는 것이었다.

그 옆에는 빵 파는 사람이 있고, 그 옆에는 사과나 귤을 파는 사람이 있다. 그 앞에는 큰 길이 있는데 사람들이 아주 많이 다니고 있었다.

그 할머니는 지나가는 사람만 보면 마구 사 가라고 하였다. 얼굴에는 주름살이 아주 많으며, 살도 안 붙어 있어 빼빼하고, 머리가 아주 하얗고, 수건을 쓰고 있다. 하얀 수건이다. 그 옆에 있던 빵 파는 아줌마가 옆으로 옆으로 자꾸 와서 그 옆의 사과 장수의 옆에 가 있는 것이었다. 할머니의 옷은 허름하지만 아주 따뜻해 보였다. 위에는 스웨터, 밑에는 펑퍼진 바지를 입었다. 또 버선을 신고, 하얀 고무신을 신고 있었다. 그 주위를 아무리 보아도 그렇게 입은 사람은 한 명도 없었다. 그 할머니는 주위를 볼 것도 없이 지나가는 사람마다 말을 걸어 사 가라 하고, 지나가는 사람들은 그냥 안 사겠다고 지나간다. 누런 종이 상자를 펼친 위의 앞쪽에 냉이와 달래, 호박이 힘없이 엎

혀 있고, 그 뒤쪽에 할머니가 무릎 하나를 세우고, 하나는 구부리고 앉아 있다.

다섯 시쯤에 다시 와 보니 그 할머니는 아직도 있었다. 그 양은 아까 내가 본 것과 똑같은 양이었다. 그 할머니는 시간이 없는지 마구 사람을 붙잡고는

"아줌마, 이거 사 가요. 내가 시골에서 막 가지고 온 건데 싱싱해요. 사 가요."

해도 지나가는 사람들은 본 체도 하지 않는다. 30분이 지나가고 그 할머니는 할 수 없다는 표정으로 비닐 봉지에 냉이, 달래를 넣고 호박과 함께 보자기에 쌌다. 그리고는 신발을 신고, 깔았던 종이 상자를 집어 휴지통에 넣고, 횡단보도를 건너서 차 타는 곳으로 갔다. 허리를 굽혀서 한 손은 보자기를, 한 손은 허리를 잡고 뛰어가듯이 갔다. 멀리서 보니 참 무거워 보였다.

사생글 4
개미

경북 경산 중앙초등학교 6학년 현종학

개미가 굴에서 나왔다. 친구들과 먹이를 찾으러 가는지 길을 나서고 있다. 여기저기 살펴 본 개미는 넓은 밭으로 향한다. 가다가 개미는 발을 잘못 짚었는지 굴렀다. 구르는 순간 위에 있던 조그만 흙뭉치가 개미 위를 덮쳤다. 개미는 다리를 이리저리 흔들며 흙뭉치를 옆으로 밀어냈다.

다시 먹이를 찾으러 길을 나섰다.

드디어 기다리고 기다리던 먹이를 구하였다. 그 먹이는 조그만 벌이다. 그 개미는 얼른 친구들을 불러왔다. 서로 힘을 합하여 무사히 벌을 옮기다가 한 마리의 개미가 다른 벌을 발견하고 그 쪽으로 달려가 있는 힘을 다해서 끌어당긴다. 그러나 그 개미는 벌을 운반하지

못하고 힘만 빼었다.

개미는 지쳤는지 서 있는데 옆에 있는 하수구 구멍에서 이상한 벌레가 나와서 개미를 잡아먹으려고 하자 있는 힘껏 달아난다. 자기 집 입구까지 도착했다. 개미는 재빨리 굴로 들어간다. 이상한 벌레는 집에 돌아가지 않고 개미집 주위를 두리번거리다가 끝내는 간다.

개미는 살았다는 듯 머리를 조금 내어 보다가 재빨리 집어넣고는 한참 동안 나오지 않는다.

사생글 5

거지 아저씨

경북 경산 중앙초등학교 6학년 이정하

난 지금 막 경산체육사 건너편에서 거지 아저씨를 본다.

거지 아저씨의 머리는 우리 반 선생님 머리처럼 흰 머리가 있고 길다. 옷은 노란색 체육복이다. 때가 꼬지꼬지 묻어 있다.

먼저 머리를 이리저리 긁다가 땅바닥을 구석구석 살펴본다. 그리고 '달라스' 옆의 신호등 바로 옆에 있는 쓰레기통을 이리저리 뒤적거린다. 그리고는 또 신호등 있는 데서 횡단보도를 건너 대구은행 앞에 있는 쓰레기통을 이리저리 뒤적거리고는 누런 봉투를 꺼내서 갖고 간다. 거지 아저씨는 두리번두리번거리며 이 사람 저 사람을 보더니 실실 웃었다.

옆에 가던 아주머니와 아저씨는 힐끔힐끔 쳐다본다.

거지 아저씨는 '흥부박' 앞에 있는 헌 종이 가방을 들었다 놓았다 하고는 공중 전화를 빙 둘러 내가 버스를 타는 장소까지 와서 쓰레기통에 손을 쑥 집어넣는다. 아저씨는 한참 뒤적거리더니 그 옆에 있는 비닐 봉지 속을 뒤적거리다가 한쪽 다리를 절뚝절뚝거리며 간다.

사생글 6
아파트 앞의 풍경

경북 경산 중앙초등학교 6학년 윤지현

앞에는 103동이 보인다. 103동 1,2호 경비실 왼쪽 옆에는 화단이 있는데 향나무가 심겨져 있다. 현관 경비실에는 경비 아저씨가 계신다. 그 오른쪽에는 1,2호 현관이 있고 계단도 있다. 계단은 모두 3층으로 되어 있고, 이 계단 옆에는 장애인용 길이 하나 더 있다. 이 길은 오돌토돌한 경사길인데 휠체어를 타고 다니기에 알맞게 되어 있다.

경비실 맞은편 쪽으로 열 발자국 가면 아파트 높이 한 층 반 정도의 히말라야시다나무가 심겨져 있는데, 바람에 따라 시원하게 움직이고 있다.

경비실 아저씨가 문을 열고 나와서 의자를 끌어내더니 앉는다. 잠시 앉아 있다가 다시 일어나서 계단을 타고 내려와 쓰레기통 옆의 종이를 보더니 집어넣는다. 그런 후 다시 의자로 돌아가 다리를 꼬고 팔짱을 끼며 앉는다. 두 손으로 머리를 싹싹 뒤로 넘긴다. 그리고는 손을 앞에 모으고 가만히 앉아 있다.

103동 1,2호 경비실에서 왼쪽으로 30걸음 될까 말까 하는 곳에는 상가가 있다.

상가 맨 오른 쪽에는 대구축산 정육 직판장이 있다. 지금 이 가게에서는 쇠파이프, 끈 들을 풀어 헤치고 무엇인가 설치하고 있다. 은박지도 여기저기 널려 있고 꺼먼 전기줄도 있다. 기술복을 입은 아저씨 세 분이 일을 하고 있으니 어떤 아이가 신기한 듯이 자전거 위에 올라앉아서 두 발을 땅에 대고 계속 지켜보기만 한다. 바람이 몹시 불어 옷이 풍덩해지니 그 아이는 몸을 움츠린다. 104동의 경비 아저씨 한 분이 대구축산 정육 직판장으로 돈을 세며 들어갔다가 아무것도 사지 않은 채 나온다. 기술자 아저씨가 번갈아 왔다갔다 움직인다. 지켜만 보고 있던 아이는 시커메진 하늘을 보고 바람을 가로질러 106동 쪽으로 간다.

대구축산 정육 직판장 옆에는 문구 수입품·완구점이 있다. 이 완구점에는 불만 밝게 켜져 있고 조용하기만 하다. 사람 기척은 없고, 문 앞에는 '아이스 박스'라고 부르는 상자들만이 너저분하게 널려 있고, 햇빛 가리개로 쳐 놓은 포장만이 펄럭거린다. 흰 잠바에 청바지를 입은 아이가 수입품점 안을 기웃기웃거리다가 그냥 지나친다.

바람이 몹시 불어 '휘이잉 휘이잉' 소리가 나고, 나무들은 이리저리 휘어지고, 상점의 포장들은 '펄펄' 소리를 내며 몹시 펄럭인다.

문구 완구 수입품점 옆에 자리잡고 있는 귀빈세탁소는 주인이 와서 두 손으로 작대기를 잡고 옷을 빼어낸다. 주인이 들어가자 한 여자가 꼬깃꼬깃 구겨긴 양복 한 벌을 가지고 들어간다. 주인 아저씨 부인인가 보다. 그 뒤로는 인기척이 없다. 이 세탁소 역시 바람 때문에 포장이 몹시 펄럭이고 있다. 세탁소 출입문 옆에 있는 무료 신문은 펄럭거리다가 한 장이 하늘 높이 날아가 버린다.

세탁소 옆에는 비디오점이 있는데 어떤 한 쌍의 부부가 팔장을 끼고 나란히 들어간다. 봉지 하나를 들고 나온다. 비디오점은 포장도 안 치고 쓰레기통도 없어 아무것도 움직이지 않는다. 그래서 비디오점만 바람이 안 부는 것 같기도 하다.

상가에는 바람만 난리를 치지만 고요한 편이다. 어쩌다 양복 입은 아저씨와 시장 바구니를 든 아주머니들이 오긴 하지만 그냥 목만 빼고 보다 가버린다.

저녁이 되니 사람들도 잘 안 다닌다. 바람뿐, 경비실 아저씨는 경비실에서, 아파트는 아파트대로, 상가는 상가대로 그냥 고요히 있기만 한다.

사생글 7
도덕 시간

경북 경산 중앙초등학교 6학년 임효미

공부 시간에 쓰는 것은 조금 나쁘지만 내가 공부 시간을 주제로 정해서 어쩔 수가 없다.

선생님은 자리에 앉아 수학 여행비 정리하느라고 한창 바쁘시다. 우리가 떠드는 것도 모르고 계신다.

형관이는 공부 시간인데도 봉팔이 흉내를 내고 있다. 그런 모습이 좀 우스꽝스럽다.

나의 뒷자리는 비어 있다. 육미가 교통 사고를 당해서 병원에 있기 때문이다.

현정이는 나에게 수학 여행 이야기로 한창이다.

"니 앉고, 내 앉고, 민화 앉고, 은아 앉고……."

수학 여행이란 낱말에 빠져 있는 것 같다.

선생님이 알아채시고는

"생활의 길잡이 83쪽에서 86쪽까지 읽고 87쪽은 쓰도록 해라."

하니 갑자기 아이들은 조용해진다. 책 넘기는 소리, 연필 소리만이 귀를 간지럽힌다.

장수는

"니 뭐 하노?"

하며 쳐다본다. 난

"문예부 숙제라니깐 참 시끄럽네."

하고는 계속 썼다.

"짤그랑 짤그랑."

선생님이 돈 만지는 소리가 난다. 그런데 옆 반에서는 정말 시끄러워지기 시작한다. 왜냐 하면

"앞집에 사는 개 이름 빙고라지요. 비아이엔지오 비아이엔지오 비

아이엔지오 빙고는 개 이름……."
빙고 타령만 하고 있기 때문이다.

민화는 은아와 입술가에 웃음을 묻히며 연필로 무엇인지 그리기만 한다. 민성이가 그 옆에서 삐쳤는지 입이 튀어나오고 책만 본다. 규락이는 더럽게 껌종이를 씹고 있다.

선생님이 조용히 일어나신다. 그리고 칠판에 무엇인가 쓰고 있다. 아이들은 열심히 받아 적는다. 선생님은 돌아서면서 웃음을 띠었다. 선생님은 민수에게 책을 읽혔다. 민수는 일어나 열심히 책을 읽었다. 그 다음 경제, 다음은 현주 차례다. 몇몇 아이가 더듬거렸다. 그 모습이 왠지 우스웠다.

어떤 아이가 방귀를 뀌었다. 그래서 아이들은 코를 막고 웃었다. 선생님은

"어떤 아이가 핵폭탄을 터뜨렸군요. 하지만 괜찮아요, 생리 현상이니까."

하셨다. 선생님이 하신 말씀에 현정이가 '하하' 크게 웃었다. 시간이 좀 지나도 아이들 입가에는 웃음이 묻어 있었다.

글을 더 생생하게 쓰게 하려면 대화글과 사생글뿐 아니라 우리 몸의 다섯 가지 감각과 마음의 움직임도 잘 붙잡아 쓰도록 지도하면 좋겠다.

마무리 지도 — 자기 글의 소중함 일깨우기

진솔한 글을 쓰는 사람은 누구나 자신의 전 인격을 걸고 내면의 세계까지 고스란히 담게 된다. 그래서 이 세상 어느 누구도 그 사람과 같은 글을 쓸 수가 없는 것이다. 그만큼 귀중한 것이다.

그런데 많은 아이들이 자기의 미술 작품이나 글을 아무렇게나 버리거나 대수롭잖게 생각하는 경우가 많다. 아무 데나 버려서 사람들이 짓밟

게 만들고 구겨서 휴지통에 처박아 넣어 버린다. 결국 자신을 짓밟아 버리고 시궁창에 처넣는 것이나 다름없다.

지도 교사는 아이들 자신의 글은 잘 되었건 못 되었건, 마음에 차건 말건 소중하다는 것을 먼저 일깨워 주어야 한다. 그것이 또 자기의 삶을 소중하게 생각하는 것과 같다는 것을 일깨워 주어야 한다.

자기의 글이지만 발표가 되면 자기뿐 아니라 글을 읽는 사람의 삶도 가꾸게 한다는 사실을 깨닫게 해야 한다. 따라서 문집이나 그 밖에 여러 가지 방법으로 글을 발표해서 함께 누리는 기쁨도 맛볼 수 있도록 해 주어야 한다.

그리고 아이들 자신이 쓴 글에는 어느 학교 몇 학년 누구라는 것과 쓴 연도와 날짜를 꼭 적어 두도록 지도하고, 아이들의 글을 어른들이 인용할 때도 그것을 꼭 밝혀 주어야 한다. 그렇게 하면 먼 훗날 그 글을 읽는 사람들이 그 시대 사정을 생각하며 읽게 되어 글을 이해하는 데도 큰 도움이 된다.

제3부 글쓰기─맺힌 마음 풀어 주기

하소연할 곳 없는 우리 아이들
아이들 가슴 속에는 어떤 고민이 있을까?
아이들 닫힌 마음을 열게 하려면
어른만이 보아야 할 아이들의 글
아이들 마음을 풀어 주는 글쓰기 여섯 마당
어른만이 보아야 할 아이들 글의 발표와 뒤처리

술취한 아저씨 · 경북 경산 부림초등학교 6년 신남철

글쓰기 — 맺힌 마음 풀어 주기

하소연할 곳 없는 우리 아이들

어른의 경우 살아가면서 집안 일이나 직장 일로 속이 뒤틀리고, 화도 나고, 걱정되고, 고민되는 경우가 얼마나 많나. 술이라도 한 잔 먹고 훌훌 털어 버리면 마음이 좀 풀리겠는데, 빌어먹을, 살다 보면 어디에고 털어놓을 수 없는 일도 생기네. 이런 때는 정말 미칠 것만 같다. 때로는 그만 죽고만 싶은 마음도 불쑥 솟구친다. 앞뒤야 어떻게 되든 싸움박질이라도 해서 확 털어 버리고 끝낼 일 같으면 좋겠지만, 그럴 수도 없으니 마음이 여리고 소심한 사람이야 오죽하겠나. 견디다 못해 목숨을 끊어버리는 사람들의 마음을 헤아리고도 남을 것 같다. 그래도 사람들은 그렇게 의지가 약한 놈은 죽어 마땅하다고 비아냥거린다. 그렇다. 누구나 살아가면서 어디에고 털어놓지 못할 걱정과 고민을 안고 살아간다. 삶의 질곡을 벗어나지 못하는 우리 인간은 누구나 다 그렇다. 스스로야 삶의 질곡을 벗어난다고 하더라도 우리가 살아가는 환경이야 어디 그렇게 되어 있나. 또 그 놈의 늪에 빠져 버리면 별 수가 있나.

아이들이라고 해서 예외는 아니다. 어른의 보호 안에서 편안하고 즐겁게만 살아갈 것 같지만 사실은 어른보다 더 걱정과 고민이 많은 아이들도 많다. 어른이야 자기를 겉으로 나타낼 수 있는 방법도 많고, 풀어 없앨 수 있는 길도 있다. 또 자기의 감정을 억눌러서 참고 견딜 수도 있다. 그러나 아이들은 그렇게 하기도 힘들고 어른들처럼 그런 길이 열려 있지도 못하다. 이 점을 어른들은 알아야 한다. 무엇이든 안으로 쌓이기만 하고 밖으로 나가는 것이 없으면 썩고 병이 든다. 아이들이 걱정과 고민과 불만을 먼저 털어놓도록 해야 한다. 털어놓는 것만으로도 아이들은 스스로 위안을 얻을 수 있으며, 병이 낫기도 한다. 어떻든 속에 숨겨둔 것을 털어놓아야만 치료를 할 수 있다. 숨김없이 털어놓은 것을 모든 어른들이 보아야 아이들의 마음을 알고, 깨닫게 된다. 그래서 아이들에게 아픔과 걱정을 주는 말이나 행동을 조금이라도 덜 하게 된다.

아이들에게 일기를 쓰게 하고 있지만, 아무리 믿음의 끈이 탄탄하다 해도 자기 밖의 사람(담임)에게 부끄러운 자기 속내나 기억하기조차 싫은 이야기를 몽땅 털어놓는 아이는 드물다. 털어놓는다 해도 얼마만큼은 숨기려 든다.

그러니 조금도 숨김없이 자기 고민이나 걱정거리를 다 털어놓아 맺힌 마음을 풀어 주자면, 글을 쓰도록 하는 것이 제일 좋다. 물론 글을 못 쓰는 아이들은 다른 방법으로 해야겠지.

아이들 가슴 속에는 어떤 고민이 있을까?

아이들에게 무슨 글이든지 자유롭게 아무것이나 쓰라고 하면 글감을 쉽게 잡을 것 같지만, 오히려 어려워한다는 것은 시, 산문 쓰기 지도에서도 이야기했다.

여기서는 벌써 주제가 하나로 주어져 있어 그 범위에서 불쑥 솟구치는 것 하나를 잡아 쓰면 된다. 그래도 특별히 머리에 박혀 있는 일말고는 쉽게 떠올리지 못하는 아이들이 더 많다.

정말 지난 일들이 머릿속에 빠짐없이 모두 남아 있다면 혼란스럽고 고통스러워 견디지 못할 것이다. 그러니 잊어버릴 수 있다는 것이 얼마나 중요한가도 알 수 있다. 그렇지만 잊어버렸다고 생각하는 일 가운데는 생활에 아주 나쁜 영향을 주면서 아주 잊어버리지도 못하고 자신도 모르는 사이에 마음의 밑바닥에 깔려 있는 일도 많다. 그런 것을 다시 찾아내어 털어 버리도록 하는 것이 좋을 것이다. 털어 버리고 마음가짐을 긍정적으로 바꾸게 하면 더욱 좋겠다.

그래서 그런 것까지도 찾아낼 수 있도록 쓸 거리를 구체적으로 나누어서 아이들에게 내보이면 쉽게 자신의 글감을 찾을 수 있을 것이다.

이런 쓸 거리를 나누어 적어 보면 다음과 같다.

① 숨겨 둔 자신의 걱정이나 고민, 비밀.
□ 어머니, 아버지, 또는 그 밖의 어른 몰래 저지른 잘못.
□ 자기 몸의 비밀이나 고민되는 변화.
□ 동무나 이성 관계로 인한 걱정이나 고민.
□ 공부, 시험, 성적에 대한 걱정이나 고민, 자신의 심정, 비밀 따위.
□ 그 밖에 자신에 대한 걱정이나 고민, 비밀.
② 어머니, 아버지 또는 그 밖의 식구들한테 당한 여러 가지 일.
□ 자존심을 상하게 하는 말, 인격을 무시하는 말, 욕설, 거친 말을 들은 일.
□ 벌을 받거나 매를 맞는 따위의 육체적인 고통을 당한 일.
□ 보통의 행동과 다른 이상한 행동을 요구해 괴로움을 당한 일.
□ 자존심을 상하게 하는 일, 인격을 무시하는 일을 당한 것.
□ 잘못도 없는데 꾸중을 들은 일. 따돌림, 그 밖에 억울한 일을 당한 것 따위.
③ 어머니, 아버지 또는 그 밖의 식구들끼리 하는 이상한(부끄럽게 생각되거나, 상스럽거나, 당황스럽거나, 불쾌하거나, 걱정스럽거나, 두려운) 말이나 행동.
□ 보통 때와 다르게 이상한 말이나 행동을 하는 것.
□ 티격태격 다투거나 심하게 싸운 일.

□ 그 밖에 이상하게 보이는 일.

④ 어머니, 아버지 또는 그 밖의 식구들이 하는 집안 걱정이나 직장 걱정.

⑤ 어머니, 아버지 또는 그 밖의 식구들이 말은 하지 않아도 자신이 볼 때 걱정, 고민이 되는 집안 일.

⑥ 자기 집안의 어려운 형편이나 가정 불화로 빚어진 속상한 일.

⑦ 이웃, 마을, 그 밖에 어디에 갔다가 어른들이나 큰 아이들, 또래 아이들에게 괴롭힘이나 불쾌한 일, 억울한 일을 당한 것(자세한 내용은 ②의 경우와 같음).

⑧ 이웃집, 마을, 그 밖에 어디에 갔을 때 어른들끼리(또는 큰 아이들이나 또래 아이들끼리) 하는 이상한 말이나 행동.

⑨ 학교에서 교장, 교감, 여러 선생님, 담임에게 당한 여러 가지 일(자세한 내용은 ②의 경우와 같음).

⑩ 선생님들끼리 하는 이상한(부끄럽게 생각되거나, 상스럽거나, 당황스럽거나, 불쾌하거나, 걱정스럽거나, 두려운) 말이나 행동, 모습.

⑪ 자기가 직접 겪지는 않았지만 자기 주위나 사회에서 일어나는 일을 본 것 가운데 당한 사람 또는 동물이 억울하겠다 싶은 것, 가슴 아프다 싶은 일, 따져볼 일, 이렇게 했으면 좋겠다 싶은 일들.

위에 보기를 든 열한 가지 글감 가운데 한 가지 일을 글로 쓰게 할 때는 좀더 세분해서 제시하는 것이 좋다. 그리고 학년 수준에 맞게 가려서 글 쓸 거리를 제시하고, 아이들이 잘 알아들을 수 있도록 자세하게 설명해 주어야 한다.

아이들 닫힌 마음을 열게 하려면

지금 말하고 있는 이런 글을 쓰게 하는 것은 보통 글을 쓰게 하는 것과는 성격이 다르다. 그래서 먼저 아이들에게 왜 이런 글을 써야 하는 가를 충분히 이해시켜야 한다.

어른들은 어린 시절을 겪어서 아이들의 모든 것을 잘 알고 이해할 수 있는 것처럼 생각한다. 그러나 오랜 세월이 흐르면 어린 시절의 기억은 잊혀진다. 또 기억하고 있다고 해도 그 때 그 시절과 지금 아이들이 살고 있는 현실은 무척 다르다. 그런데도 어른들은 고정 관념에 사로잡혀 어른들이 옳다고 하는 생각대로만 아이들을 기르려고 한다. 그러다 보니 어른들의 의도대로 안 될 때는 아이들을 닦달하게 되고, 아이들에게 아픔을 주는 말이나 행동이 나오게 된다.

처음부터 나쁜 어른들은 자신들만 위해 아예 어린아이들을 학대하고 나쁜 길로 몰아넣기도 하고, 어른 자신의 가치관이 잘못되었는데도 오히려 옳은 가치관인양 생각하고 아이들을 그 쪽으로 몰아넣는다. 그뿐 아니라 어른들 자신만의 즐거움에 빠지거나 어른들 자신의 문제로 이성을 잃어버린 상태에서 아이들을 학대하는 어른들도 많고, 어쩔 수 없이 아이들에게 아픔을 주는 경우도 많다.

어디 그뿐인가. 아이들 모르게 어른들끼리 하는 걱정을 우연히 아이들이 들어서 알 때도 있고, 너무나 잘해 주어서 남부러울 게 없을 아이에게도 제 나름의 걱정과 고민, 아픔이 있다는 것을 어른들은 잘 모를 때가 많다.

이런 글을 쓰게 하는 목적은 이렇게 저렇게 아이들이 학대받는 모습들을 어른들에게 낱낱이 보여 주고 깨닫도록 해서 학대하는 행위를 막자는 데 있다. 나아가서는 아이들을 인격으로 대하고, 좀더 참되게 기르도록 하자는 데 있다.

이런 글은 쓴 사람들의 이름을 절대로 밝히지 않고, 내용에 나오는 사람의 이름, 장소, 그 밖에 누가 쓴 것인지 조금이라도 알 수 있을 것 같은 내용은 모두 빼 버린다는 것을 아이들이 믿고 마음놓고 솔직하게 쓸 수 있도록 잘 설명해 주어야 한다. 또 이런 글을 쓰게 하는 교사는 실제로 그렇게 해야 하고, 이 세상 다할 때까지 그 비밀을 지켜야 한다. 그리고 평소에 생활하면서 아이들이 믿고 따를 수 있도록 말과 행동을 해야 한다.

글을 써 낼 때는 쓴 연도와 날짜, 지역(시, 읍, 면, 농촌, 바닷가, 산골 따위), 남녀 구별, 나이(학년) 정도만 밝히도록 한다. 좀더 도움을 얻고자 한다면 몇 학급의 학교인지, 가족 구성은 어떤지도 간단하게 적도록 하면 좋겠다.

글을 쓸 때는 아주 자세하게 쓰도록 해야 하고, 그 때 그 감정과 지금의 생각도 나타내도록 하면 좋겠다. 어른들의 모습, 표정, 행위, 감정까지 낱낱이 적도록 하되 대화가 빠짐없이 들어가도록 지도해야 한다.

여기서 한 가지 주의할 것은 이런 글을 자주 쓰게 하는 것은 좋지 않다는 점이다. 너무 자주 쓰면 어른을 불신하고 부정하는 마음이 생기거나 다져질 수도 있기 때문이다. 또 잊었던 아픈 기억을 되살려내어서 오히려 더 큰 아픔을 줄 위험성도 있기 때문이다.

비록 잘못된 것이 많더라도 세상은 언제나 밝은 면이 있음을 믿고, 어른들을 따르며 존경하는 마음을 잃지 않게 해야 한다.

어른만이 보아야 할 아이들의 글

'어른만이 보아야 할 아이들의 글'로 지금까지 내가 모아온 글들이 어느 정도 있다. 혼자 모았기 때문에 충분하지는 않지만, 대충 아이들 사정을 짐작할 수 있으리라 생각한다. 다음 기회에 다른 자리에서 다 내보이기로 하고, 여기서는 그 가운데 몇 편만 내보인다.

〈글 1〉 진짜 엄마와 새 엄마

"와당탕." 한바탕 싸움이 끝났나 보다. 엄마의 우는 소리가 들렸다. 아빠는 나보고 휴지를 가져오라고 하셨다. 내가 휴지를 가지고 들어가 보니 엄마는 피를 흘리고 있었고 아빠는 옷을 입고 있었다. 내가 물어보기가 무섭게 엄마를 끌고 병원으로 가셨다.

아침이 되었다. 밖에 나가 보니 엄마는 이마에 붕대를 감고 있었다. 그냥 엄마에게 아무 말도 할 것이 없었다.

학교를 갔다 오니 엄마는 이미 가방을 싸가지고 집을 나가고 없었다. 나는 그 자리에서 울고 말았다. 내가 학교 갔다 오면 예쁜 웃음을 띄우며 서 있을 엄마가 없었기 때문이다.

그리고는 3년이란 세월이 흘렀다. 일요일날 갑자기 아빠가 짐을 쌌다. 아빠의 오토바이를 타고 어디론지 갔다. 간 곳은 엄마가 살고 있는 집, 들어가보니 엄마가 서 있었다. 나와 동생은 너무 반가워서 "엄마!" 하고 엄마에게 뛰어갔다. 엄마는 우리에게 참 잘해 주었다.

다시 행복해져서 나는 한없이 기뻤다. 하지만 엄마는 저녁만 되면 어디론지 가 버렸다. 나는 엄마가 어디에 가는지 참 궁금했다. 잠을 잤다. 그런데 싸우는 소리가 내 귓가에 들려왔다. 눈을 살짝 떠 보니 아빠와 엄마가 또 싸웠다. 나는 뒤로 돌아누웠다. 조금씩 조금씩 눈물이 흘러내렸다.

"짹짹." 새 소리에 잠이 깼다. 아빠와 엄마는 어디에도 없었다. 동생과 나는 그냥 가방을 메고 학교에 갔다 왔다. 아빠가 있었다. 아빠는 나에게 아무 이야기도 하지 않으셨다. 그냥 저녁을 잡수시고 텔레비전만 볼 뿐이었다.

며칠이 지나도 엄마는 오시지 않았다. 아빠는 참다참다 못하셨는지 할머니 댁으로 가라고 하셨다. 우리는 할머니 댁으로 갔다. 며칠이 지나니 아빠가 집 물건을 모두 가지고 할머니 댁으로 왔다. 그 때부터 또 할머니 댁에서 살게 되었다.

아빠가 어떤 아주머니와 우리를 소개해 주셨다. 그 아주머니는 참 착했다. 나는 저 아주머니가 우리 엄마였으면 좋겠다는 생각이 들었다. 그 아주머니는 집으로 가고 아빠는 차 운전을 하시며 말씀하셨다.

"너희 엄마 될 거다."

그 한 마디 하시곤 아무 말도 하시지 않으셨다. 그래서 이 때까지 나는 우리 새엄마랑 산다.

나는 아빠랑 새엄마랑 재혼을 해서 참 기쁘다. 나중에 내가 커도 우리 진짜 엄마에겐 관심을 갖지 않을 거다. 우리 새엄마에겐 더 잘해 드려야겠다. 이유는 어떻든지 간에 우리 진짜 엄마가 한없이 밉다.
(1993년 4월. 6학년 여)

〈글 2〉 어른들도 어린 시절 겪었을 텐데

할머니께서 "돈 1000원 잘 썼나?" 하셨다. 그래서 내가 "누구요?" 하니 할머니께서 "○○이 니 말이야." 하셨다. 나는 무슨 말인지 몰라서 "뭐 말이에요?" 하니 할머니께서는 "주머니에 돈 1000원 넣어 놓았는데 오늘 아침에 보니 없네." 하셨다. "내가 안 가지고 갔어요." 하니 할머니께서는 또 "그날 아침에 일어나 보니 ○○이 니가 앉아 있데." 하셨다.

나는 너무 화가 나고 분해서 눈물이 나왔다. 그리고 할머니께 욕과 하고 싶은 말을 다 하고 싶었다. 나는 어른들이 미웠다. 왜냐 하면 할머니께서 돈 1000원을 어디에 썼는데, 썼는지 안 썼는지 생각도 해 보지 않으시고 무조건 우리가 가지고 갔다고 우기는 것처럼 말했기 때문이다.

나도 그런 기억이 있다. 체육 시간에 민숙이는 머리가 아파서 밖에 못 나가서 돈 400원을 맡겼다. 그런데 민숙이가 주면서 "돈 300원밖에 없데." 하였다. 그 때 나는 민숙이가 가지고 갔다고 의심을 하였는데 자세히 생각을 해 보니 100원은 과자를 사 먹어서 300원밖에 없었던 것이다. 그래서 민숙이에게 미안하다고 사과를 한 기억이 있다.

그런데 할머니께서는 자세히 생각도 해 보지 않으시고 우리가 가지고 갔다고 의심만 하였다. 그래서 할머니가 미웠다. 그 날부터 나는 할머니와 같이 자기도 싫었고 할머니보다 더 일찍 일어나기도 싫었다. 또 할머니 말씀도 듣기 싫었다.

엄마는 "돈 1000원 누가 가지고 갔노. 빨리 말해라, 응." 하시며 우리를 꾸중하셨다. 그 때 나는 엄마도 미웠고 할머니도 미웠다. 아버지는 밉지 않았다. 아버지께서도 이런 일이 있으셨는지 우리를 꾸중하시지 않으시고 타이르셨다. 그런데 엄마와 할머니께서는 타이를 생각은 하시지 않고 꾸중만 하면 된다 하는 생각으로 우리를 꾸중하셨다.

어머니께서 회초리를 가지고 오셔서 "누가 가지고 갔노. 빨리 안 내놓나!" 하시며 꾸중하셨다. 그리고 우리를 막 때리셨다. 할머니께서는 "그만 해라. 쓸 데가 있어서 꺼내 갔겠지." 하셨다. 나는 그 때 할머니가 더 미웠다. 왜냐 하면 돈 가지고 갔다고 꾸중할 때는 언제고 또 엄마가 회초리로 때리니까 꾸중하지 말라고 하고…….

나는 너무 아프고 분해서 눈물이 나왔다. 오빠들도 눈물을 흘렸다. 아무도 가지고 가지 않았다고 하였다. 이렇게 꾸중하고 회초리로 때렸는데도 가지고 가지 않았다고 하면 용서해 주어야 하는데 용서해 주지 않고 계속 꾸중만 하셨다.

나와 오빠들은 왜 억울하게 꾸중을 들어야 할까? 어른들은 우리 어린이들을 이해해 주고 감싸줄 줄 알았으면 좋겠다. 어른들은 왜 우리 어린이들의 말을 믿지 못하고 꾸중만 하실까? 어른들도 우리 같은 어린 시절이 있고 겪었을 텐데 왜 우리를 이해해 줄 줄 모르는지 모르겠다. 나는 그런 어른들을 이해하지 못하겠다. 어른들은 밉다. 어른들이 우리를 꾸중하실 때 어른들의 어린 시절을 생각해 보았으면 좋겠다.

(1992년. 5학년 여)

〈글 3〉 시험

　오후였다. 나는 몰래 평균을 내고 있었다. 마음이 조마조마했다. 도덕 70, 실과 75,……. 난 이런 점수들 때문에 걱정이 많다. 엄마의 화난 모습을 생각하면 눈물이 나온다. 지금도 눈물이 나오려고 한다.

　자랑은 아니지만 어릴 때부터 난 점수를 못 받아 와서 혼난 적이 없었다. 오빠가 혼나는 걸 보았을 뿐……. 엄마가 마치 화가 난 사자처럼 막 몰아붙이며 때리시는데 내가 죽는 게 덜 무섭다는 생각도 들고 '저런 엄마가 우리 엄마가 맞나?' 하고 생각도 해봤다. 어렸을 때부터 아빠는 나를 제일 좋아하셨다. 언제나 날 감싸 주셨다. 하지만 그것은 내가 공부를 잘 했기 때문일 거다. 언제나 성적을 물으시니까…….

　어쨌든 난 근심에 싸여 평균을 냈다. 내가 모든 비밀을 말할 수 있는 단 한 사람인 내 친구도 있었다. 그 때 나왔다, 평균이. 나는 봤다. 내 친구도 보고

　"나보다 못했네."

하며 웃었다. 하지만 왠지 밉진 않았다. 조금 원망스러웠다. 나는 목이 메었다. 아무 말도 안 나오고 눈물만 뚝 뚝 떨어졌다. 내 친구한테 진 적은 없었는데……. 내 친구한테만은 지지 않길 바랬는데…….

　평균은 쓰고 싶지 않다. 너무나 슬프다. 나는 점점 못해만 간다. 내 친구는 점점 잘해 가는데. 어려운 걸 틀렸으면 이해한다. 하지만 부끄러워 알리고 싶지 않다. 내 친구는 10, 20, 30,……, 마침내 100점. 하지만 나는 100점, 90, 80, 70,……, 마침내 빵점이 수두룩할 테지. 나는 차라리 태어나지 않았으면 좋을 걸. 나 같은 인간이 태어나면 뭐가 좋다구. 차라리 안 태어나면 속 편하지. 0점, 0점, 0점, 그리고 100점 차이는 얼마나 될까? 얼마나 나길래 이렇게 대우 차이가 심할까? 그리고 100점은 또 뭐길래 내 눈물 방울을 만들까?

　'니가 세상에서 제일 부러운 것은?'

이라고 묻는다면 나는 이렇게 말하겠다.

'시험 성적 관계 없이 행복하게 사는 아이의 생활이다.' 라고…….

나는 내 친구 지선이처럼 차라리 죽어야 할까 보다. 그래서 다시 태어날 땐 새로 태어나겠다. 새 중에서도 까치로. 까치는 내가 제일 좋아하는 새다.

시험을 못 쳐서 혼을 내는 건 부모님의 진심이 아니라는 것만을 가지고 위로하는 사람들은 봤지만 왜 마음에도 없는 일을 할까?

난 정말 어떡하면, 어떻게 하면 좋을까? 아빠는 꼭 이해해 주시겠지. 이해해 주실 거야. 아빠는 원래 자식을 사랑하니까. 물론 엄마도. 하지만 이건 내 생각일 뿐…….

(1993년 4월. 5학년 여)

〈글 4〉 그 오빠를 너무 좋아했어요

저는 5학년 때 좋아했던 오빠가 한 명 있었습니다. 저는 지금까지 그 오빠에게 말을 걸어보지 못한 탓인지 아직도 속이 갑갑합니다. 저는 편지를 쓰려고도 해보았습니다. 그러나 그런 짓을 하면 학교에 소문이 퍼질 것만 같아서 그만두었습니다. 그 때 저는 그 오빠에게 말을 걸고 있는 언니들이 매우 부러웠습니다. 그 오빠가 내 앞을 지날 때마다 저는 얼굴이 붉어지고 그 오빠를 못 본 사람처럼 걸었습니다. 그럴 땐 매일 친구들이 저를 놀렸고 저는 그런 친구들의 입을 막기가 일쑤였습니다. 저는 그 오빠를 매일 보지만 잘 때도 보고 싶었습니다. 전화를 걸어서 그 오빠가 받으면 아무 말도 못하고 그냥 끊어 버리고 맙니다. 전화를 끊고 나서 내 자신을 생각하면 너무나 바보처럼 느껴집니다.

아, 언제 그 오빠는 이런 나의 마음을 알 수 있을까?

내가 좋아했을 때에는 그 오빠는 유명해서 많은 아이들이 좋아했습니다. 그러나 저는 그런 아이들의 마음과는 달랐습니다. 그 아이들은 그냥 그 오빠를 좋아할 뿐이고 하루만에 좋아하는 사람을 바꿀지 몰라도 저는 그 오빠를 좋아한 후로는 좋아하는 사람을 여태까지 바꾸지 않았습니다. 이런 것이야 말로 그 오빠를 진심으로 좋아한다는 증거라고 저는 생각합니다.

그 오빠를 지금도 보고 싶지만 그 오빠는 멀리 광주로 이사를 갔습니다. 그래서 날마다 볼 수가 없게 되었습니다. 문득, 그 오빠와 마주친 일들이 하나하나 생각이 납니다. 학교 졸업식을 마치고 롤러 스케이트장에서 그 오빠를 본 일, 목욕 가방을 들고 목욕탕에 가다가 그 오빠와 마주친 일, 학교 복도에서 그 오빠를 본 일 등 아주 많습니다.

내가 그 오빠를 제일 마지막으로 본 것은 졸업식 때였습니다. 4층 복도에 올라가니 환하게 웃고 있는 그 오빠의 얼굴이 보였습니다. 그러나 저는 그렇게 웃고 있는 오빠가 갑자기 미워졌습니다. '내 마음도 못 알아주면서…….'

저는 지금 생각하니 그 오빠에게 말을 걸지 못한 것이 너무 후회스럽습니다. 그 오빠가 다시 우리 학교에 다녔으면 좋겠다는 생각이 듭니다. 지금 저는 6학년 ○반입니다. 그 오빠도 그 때 6학년 ○반이어서 저는 그 오빠 후배가 된 것이 정말 기쁩니다.

선생님, 그 오빠의 이름은 선생님만 알고 계세요. 그 오빠는 바로 92학년도 1학기 전교 ××이었던 ○○○ 오빠예요. 저는 그 오빠를 너무 좋아했어요. 지금도요…….
(1993년 4월. 6학년 여)

〈글 5〉 어른들의 이상한 짓
　3학년 때인가 4학년 때인가 확실히는 모르겠고, 어느 한 아저씨가 이상한 짓을 했습니다.

나의 친한 친구인 ○○ 와 함께 피아노 학원에서 피아노를 다 치고 나와 놀이터에서 놀고 있는데 우리 동네에 매일 장사를 하러 오던 아저씨가 와 있었다. ○○가 "△△아, 우리 구경 가자." 라고 하자 "그래." 하고 반갑게 대답했다. ○○와 손을 잡고 뛰어갔다. 아저씨는 "안녕? △△이랑 ○○네." 하고는 빙그레 웃었다.

옷 파는 것을 구경하다 보니 장사를 마무리지었다. 아저씨는 '너희들 집까지 데려다 줄게, 타라." 하고 말했다. ○○는 좋아하며 올라 탔는데 갑자기 어머니의 이런 말씀이 떠올랐다. "잘 아는 아저씨는 괜찮지만 그렇게 잘 알지도 않는 사람은 함부로 따라 가지 마라." 하신 말씀.

"△△아, 빨리 타라. 뭐하노?" 라고 하는 ○○는 좋은 표정이었다.

어쩔 수 없이 올라타고는 붕붕 신나게 달렸다. 그런데 이상하게도 집으로 가지 않고 다른 쪽으로 가는 것이었다.

"아저씨, 집은 저 쪽인데요." 하며 손으로 가리키니 "너희들, 차 타니 안 재밌나? 재미있으라고 ○○ 공원 한 바퀴 돌아 줄려고 하는데……." 하고 말했다. 난 느낌이 이상하고 무서웠다. '혹시 깡패? 인신 매매범? 아니야. 그럴 리 없어.'

그러나 언제나 촐랑대고 설쳐서 별명이 팔방미인인 ○○는 좋아서 어쩔 줄 몰라 하는 표정이었다. 아직 차는 신나게 달리고 있었다.

그런데 갑자기 섰다. 그 곳은 차도 잘 다니지 않고 사람도 잘 다니지 않는 길이었다. 가슴이 철렁 내려앉는 듯한 충격을 받았다. 아저씨는 "좀 쉬다 가자." 하면서 나보고 먼저 내리라고 했다. 아니 나보고 말하기 전에 바지 속으로 손을 넣어 비닐 봉지를 넣는 것 같았다. ○○는 차 뒷창문으로 보고는 낄낄 웃었다. 떨리는 목소리로 "○○야, 안 무섭나?" 하니 "왜?" 라고만 했다. 좀 답답했지만 ○○가 옆에 있어 주는 것만으로도 다행이었다.

그 후 아저씨가 오더니 나보고 먼저 내리라고 했다. 겁이 났지만 어쩔 수 없이 내렸다. 아저씨는 사방을 둘러보고는 아무도 없자 내 손을 잡아 아저씨의 바지 속으로 넣었다. 그런데 약간 따뜻하고 물렁한 것이었다. 짐작이 되었다. 아저씨는 "이거 뭔지 아나?" 하고 물어도 말하기가 어색해 아무 말도 하지 않았다. 또 차 문에 기대어 놓고…… . 아, 무서워! 끔찍해! 아저씨의 ××와 나의 ××를 맞대는 것이었다. 그리고는 좀 있었다. 그 다음은 ○○도 나와 똑같이 했다. 정말 지옥 같았다. 아저씨가 우리에게 500원인가? 700원인가? 돈을 주면서 아무에게도 말하지 말라고 했다. 다행히도 무사히 집으로 돌려 보내주었다. ○○가 "△△아, 우리 이 돈으로 초코릿 사 먹자." 하고는 나를 가게로 데려가 사 먹었다.

"○○야, 이 일 어떻게 할래? 엄마한테 말해야 되나 그냥 있어야 되나." 하고 묻자 ○○는 "말하면 걱정하실 테니 덮어 두자." 하고 말했다. 이렇게 하기로 하고는 헤어졌다.

오늘은 아버지께서 숙직이고 엄마, 오빠, 나 셋이 집에 있었다. 엄마는 오빠와 밥을 드시며 나보고도 먹으라고 하셨다. 그런데 오후의 일 때문에 겁이 나서 견딜 수가 없었다. 나도 모르게 눈물이 흘러내렸다. 엄마는

"△△아, 어디 아프나 응? 왜 우니?"

"…… ."

계속 울자 엄마는 "무슨 일 있나? 왜?" 하고 물으셨다. 정말 견딜 수가 없어 다 털어놓았다. 오빠는 다른 방으로 가고 말았다. 그러나 다 들었을 것이다. 아저씨가 우리를 데려간 데까지는 말씀드렸으나 더 이상 말할 수가 없었다. 엄마는 눈물을 흘리며 나를 꼭 끌어안으셨다.

"엄마, ○○한테 전화해서 오라고 해라. 더 이상 말 못 하겠다."

그러자 ○○에게 전화를 걸었다. ○○집은 우리 집과 아주 가까워 빨리 왔다. ○○ 엄마도 함께 말이다.

그 다음은 ○○가 말했다. ○○ 엄마와 엄마는 깜짝 놀라셨다.

그 다음날 엄마와 ○○ 엄마 두 분이 경찰서에 신고했는지는 모르겠다. 경찰서 아저씨들이 수사해 본 결과 우리말고도 이 일을 당한 아이들이 무척 많았다. 그러나 아무도 말을 하지 않고 있었던 것이다. 어느 한 집에서 경찰 아저씨와 당한 아이와 엄마들이 모여 경찰 아저씨께 말했다.

그 후 그 옷장사 아저씨는 구속되었다. 그 아저씨 동생은 ××병원에서 앰뷸런스를 끌고 있었다. 그런데 그 동생이란 사람이 찾아와서 당한 아이의 엄마들을 찾아 다니며 좀 꺼내 달라고 애원을 했다. 그러자 도장을 다 찍어 주고 우리 집만 남았다. 그러나 엄마는 절대로 찍어 주지 않았다. 아저씨 동생은 10시, 11시 계속 찾아와 벨을 눌러 잠을 깨워서 정말 화가 났다. 매일 찾아와서 외출을 하실 때에는 오빠가 차가 왔나 안 왔나 살펴본 후에 엄마가 나가셨다. 이런 일이 하루 하루 계속되자 정말 지칠대로 지쳐 끝내는 도장을 찍어 주고 말았다.

그 후 그 아저씨와 가족들을 이 ××에서 모두 내쫓았다.

이 일은 결코 잊지 못할 것이라 생각한다. 속은 시원하다.

(1993년. 4학년 여)

아이들 마음을 풀어 주는 글쓰기 여섯 마당

아이들의 걱정, 고민, 불만에 대해 알아보고 풀어 주는 방법에는 좋은 방법이 많이 있겠지만, 여기서는 내가 해본 글쓰기 방법 몇 가지를 소개하기로 한다.

1. 선생님, 선생님!

우리 교실 뒤에 있는 환경판에는 '선생님, 선생님!' 이란 자리를 만들어 나에게 하고 싶은 이야기를 쪽지에 적어 붙이도록 하고 있다. 평소

말이 없는 아이는 그렇게라도 말길을 터 주어야 될 것 같아서다. 여기
에는 특별한 걱정거리나 고민은 나타내지 않지만 아이들 나름대로 불만
도 나타내고, 부탁도 하고, 조금은 장난기 어린 소리도 한다. 그 쪽지
밑에다 몇 마디 답을 적어 주면 그 다음에 또 이어서 쪽지에다 하고 싶
은 말을 적어 붙인다. 이를테면 조그만 대화의 자리인 셈이다.

　이런 일이 끊임없이 이어지게 하려면 그 곳에 관심을 갖도록 하는 방
법도 생각해야 할 것이다. 왜냐 하면 아이들은 어떤 일에 관심을 많이
가지다가도 다른 흥미거리가 생기면 처음에 관심을 가지던 일도 내팽개
치고 그 쪽으로 우루루 몰려가는 습성이 있기 때문이다.

　쪽지에 적힌 아이들 글을 몇 편 내보인다.

〈쪽지 1〉
　선생님, 나는 자꾸 도시락 안 싸오고 라면으로 사 먹을지도 몰라요.
우리 엄마가 겨울에는 춥다고 겨울 방학 때까지는 라면을 사 먹으라
하였는데 어떡해요? 선생님, 우리 엄마 원망하지 마셔요. 다만 우리
엄마는 날 위해 라면을 사 먹으라고 하는 거여요. 그러나 나는 되도
록 안 먹도록 하겠습니다.
(3학년 허병대)

〈쪽지 2〉
　선생님, 나에게 정말 '울보'라 하지 마세요. 암만 선생님이 농담으
로 울보라고 하지만 난 선생님이 그카실 때가 제일 싫어요. 나도 사
람이어요. 다른 아이들도 눈물이 있잖아요. 그럼 나만 '울보'라 하지
말고 아예 우리 교실을 울보 3학년 1반이라고 지어요. 선생님, 차라
리 나를 마이클 잭슨이라고 부르는 것이 나아요. 선생님, 이제부터
울보라 하지 마세요.
(3학년 조용호)

〈쪽지 3〉

　선생님, 우리 집에는 토끼 두 마리가 있었거덩요. 그런데요, 토끼 한 마리가 아빠에게 맞아서 입에 피를 흘리면서 나를 두고 세상을 떠나버렸어요. 선생님, 내하고 그 토끼하고 얼마나 많이 놀았는 줄 알아요? 선생님은 모르실 거예요. 나는 그 토끼와 뽀뽀도 했는데요. 나는 자꾸 그 토끼 생각이 나서 죽겠어요.
(3학년 김두식)

〈쪽지 4〉

　선생님, 담배 좀 그만 피우세요. 선생님 옆에 가면 담배 냄새가 나서 머리가 띵해요. 근데 진짜로 피우지 말라고는 안 했고 하루에 한 개씩이면 어때요? 너무 힘든 일을 부탁했어요? 그러면 두 개씩, 그러면 됐죠? 교실에서는 절대로 안 돼요. 밖에 나가서 피워야 돼요. 안 지키면 꿀밤 줄 거예요. 히히히, 농담. 하여튼 안 피우도록 노력하세요.
(6학년 박소윤)

　○ 알았다. 너희들이 들볶는 데는 내가 견딜 수가 없다. 고마운 말인데 와 그래 힘이 드노. ─ 호철

〈쪽지 5〉

　선생님, 참 고맙습니다. 왜냐구요? 담배를 줄여 주셨기 때문이랍니다. 전 선생님께서 담배 끊으실 때까지 붙어 있을 겁니다. 아셨죠? 담배 뚝!
(6학년 원수영)

　○ 이게 다 나 자신과 치열하게 싸운 결과이니라. 너희들도 요것만

은 날 본받아야 하느니라. 이 도사 할배는 한다카마 하는 사람 아니
가. 수영이 너의 공이 크다. 고맙다. 누룽지 좀 주께. ― 호철

〈쪽지 6〉
  선생님, 화 푸세요. 화낸다고 될 일이 아니잖아요. 선생님께서 화
낸 표정으로 공부를 가르치니깐 공부할 맛이 제대로 나질 않아요. 그
만 화 푸시고 웃으면서 공부 가르쳐 주세요.
(6학년 권경희)

  ○ 아이고 욤마야, 내가 언제 화 그렇게 많이 내드노. 그라고 느거
가 화나게 만들어 놓고 나보고 화내지 마라 카마 되나. 아이고 도사
할배 속 타네. ― 호철

〈쪽지 7〉
  선생님, 재미있는 동화 더 많이 읽어 주세요. 저는 동화를 무척 좋
아합니다. 그런데 직접 읽는 것보다 선생님이 읽어 주시니 더 실감나
고 재미있어요. 선생님도 동화책 많이 보시죠. 그런데 저는 요즘 책
을 많이 보지 못해요. 시간이 없어요. 그래서 어떤 때는 학원도 쉬고
책만 읽어요. 선생님, 좋은 책 더 많이 읽어 주세요. 선생님의 입체
낭독은 일품입니다.
(6학년 소미령)

  ○ 미령 아가씨, 읽어 주고 말고요. 나도 날마다 날마다 읽어 주고
싶어요. 아가씨, 걱정말아요. ― 호철

〈쪽지 8〉
  선생님, 공부 시간이나 노는 시간에 책을 아주아주 많이 읽어 주세

요, 재미있는 거요. 하루에 세 번씩 읽어 주세요. 안 읽어 주시면 벌금 400냥입니다. 많이많이, 더 많이 읽어 주세요. 부탁해요.
(6학년 유경렬)

○ 경렬이 옴마 요거 나한테 압력 넣네. 그래도 좋다. 틈만 나면 읽어 주게. 그런데 내가 그만큼 읽어 주면 느거들도 무슨 보답이 좀 있어야 될 거 아니가. 내가 그렇게 목 아프도록 읽어 주어도 찬 물 한 컵 주는 놈 못 봤다. ― 호철

〈쪽지 9〉
선생님, 저희 옆집에 있는 개가 새끼를 낳았어요. 저는 구경을 했는데 얼마나 귀여운지 안고 싶었어요. 사실은 저희 집 개였으면 하는 생각도 들어요. 선생님은 안 그러세요?
(6학년 신민재)

○ 그래, 고것 참 귀엽겠구나. 민재도 고 강아지만큼 예쁜데 뭐. 우리 반에서도 강아지나 새를 좀 길렀으면 좋겠다 그쟈. 더구나 갓 태어난 것은 무엇이든지 예쁘지. 고 강아지 꼭 안아 봤으면 좋겠다. ― 호철

2. 고민을 푸는 열쇠

아이들의 걱정, 고민, 불만 같은 것은 가장 먼저 부모, 담임 교사가 알아야 한다. 그리고 사회의 모든 어른이 알아야 한다. 그래야만 아이들을 바로 기를 수 있다. 갓난 아기를 기를 때는 어머니가 온 관심과 정성을 쏟기 때문에 '왜 아기가 우는가?' 하는 것을 빨리 알아낼 수 있는데, 아이가 자라면서 차츰 관심이 없어지고, 다만 부모의 기대나 욕심만 키우게 된다. 그러다 무슨 일이 터지면 호들갑을 떤다.

걱정, 고민, 불만 같은 것은 그때 그때 풀어서 안정된 생활이 되도록 해야 한다. 그래서 아이들이 그런 걱정, 고민, 불만 같은 것을 언제라도 내킬 때 말할 수 있도록 만들어 주어야 한다.

그 방법으로는 조그만 함에다가 자물쇠를 채우고 종이 쪽지를 넣을 수 있도록 만들어 자신의 걱정, 고민, 불만 같은 것을 써 넣도록 하는 것도 좋다(내 경우에는 '고민을 푸는 열쇠' 라고 이름을 붙였다).

여기에 나오는 내용은 집안 일로부터 학급, 학교, 사회의 일 모두가 되는데, 그 내용을 보아 가면서 문제를 슬기롭게 풀어가도록 해야 한다.

쪽지에 적은 아이들의 걱정, 고민, 불만을 보자. 우리 반(6학년) 아이들의 쪽지다.

〈쪽지 1〉

선생님, 간단한 일인데요 장난 전화 하지 못하게 해 주세요. 어떤 아이는 매일 전화해서 이상한 이야기만 해요. 짜증이 나요. 그리고 어떤 때는 받기만 하면 끊어 버려요. 그러다가 아버지나 어머니가 보시면 눈치 주신단 말이에요. 그 전화를 받고 나면 짜증나고 화나고, 그 뒤부터는 전화 오는 것은 받기도 겁이 나고 눈치가 보여요. 제발 장난 전화 하는 아이들 꾸중 좀 해 주세요.
1993. 7. 8. ○○○ 올림 (여)

〈쪽지 2〉

선생님, 전번에 제가 다래끼 났잖아요. 그 날부터 우리 아빠가 집에 안 들어 오셨거든요. 그 날부터 이상한 전화도 오고 계속 그래서 엄마보고 이상한 전화가 왔다고 말하니까 우리 집 전화기 옆에 비밀 번호 돌리는 것이 있는데 그걸 엄마가 돌려놓으니까 지금은 안 오거든

요. 엄마 말로는 아빠가 서울 가셨다고 말씀하셨어요. 그리고 며칠에
한 번씩 저금통장으로 돈 보내시구요 아직 안 오셨거든요. 그래서 내
가 요새는 짜증도 내고, 화도 내는 것이거든요. 그러니까 선생님, 이
해 좀 해 주세요. 사랑하는 선생님, 꼭요.
1993. 7. 8. 선생님을 사랑하는 제자 ○○○ 올림(여)

〈쪽지 3〉

  선생님, 저는 두려운 것이 있어요. 제가 복도에 나갔다 하면 지나다
니는 다른 6학년 아이들이 절 힐끔힐끔 쳐다보기도 하고 눈을 흘기기
도 합니다. 그리고 수근수근거리는 것이에요. 무슨 일인지 모르지만
제게 무슨 할 말이라도 있다는 눈빛이라 매우 무섭답니다. 이러다가
혹시 싸움이라도 일어나지 않을지 매우 걱정이랍니다. 아이들이 나를
보는 이유가 뭘까요? 나는 어떻게 해야 될까요?
1993. 7. 8. ○○○ 올림 (여)

〈쪽지 4〉

  선생님께

  저는 엄마와 매일 다투어요. 금방 풀리는 때도 있지만 나는 말도 안
해요. 그 때면 자꾸 엄마와 나의 관계가 멀어지는 것 같아요. 대화를
잘 하지 않아요. 어제도 싸웠어요. 어떻게 하면 좋아요? 정말 갈등을
느껴요.
1993. 7. 8. ○○○ 올림 (여)

〈쪽지 5〉

  선생님, 안녕하세요? 선생님 "민재, 보기보다 몸무게 많이 나간다."
라고 그 때 신체 검사 할 때 이야기하셨죠. 그 때 얼마나 부끄러웠다
고요. 제가 몸무게 좀 많이 나가는 것은 사실이지만 아이들이 다 보

는 곳에서 그렇게 말하면 어디 내 기분 안 나쁘겠어요. 남자 앞에
서……. 정말 이제 살쪘다고 하지 마세요. 집에서는 몸이 허약하다고
많이 먹으라고 해요. 그런데 선생님은 왜 살쪘다고 그러세요. 선생님
과 같이 밥 먹을 때 그 생각만 하면 선생님이 좀 밉기도 하고 그래요.
선생님, 이제부터 그런 말 하지 마세요. 네. 특히 남자들한테는 잘못
말했다가는 놀림을 받거든요. 선생님, 부탁이에요. 아셨죠?
1993. 7. 8. 사랑하는 민재 올림 (여)

〈쪽지 6〉

　선생님께

　안녕하세요? 저는 ○○이에요. 학급에서 별로 어려운 것은 없지만
한 가지를 말씀드리자면 남자 아이들 때문인데요, 체육복을 입고 갔
을 때요, 위의 옷에 속옷이 다 비쳤나 봐요. 남자 아이들이 뒷쪽을 보
고 막 부라자 꼈다고 그래요. 그래서 너무 부끄러울 때가 많아요. 남
자 아이들한테 좀 주의를 주시구요. 저의 집안에 대해서 잘 아시겠지
요? 어머니께서 재혼하셨다는 걸요. 그 이야기를 ○○○이 들었어
요. 그래서 내가 뭐라 그러면 엄마 아빠 재혼하셨다는 걸 막 얘기하
려고 해요. 저는 그 사실을 아이들한테 이야기해 주고 싶지 않아요.
그래서 아이들이 '이혼'이란 얘기만 하면 가슴이 철렁거려요. 제가 4
학년 때 어머니께서 이혼을 하셨거든요. 그래서 저에게는 너무 충격
적이었어요. ○○이가 그러지 않게 해 주세요. 시간이 없어서 이만
줄일게요. 안녕히 계세요.
1993. 7. 8. ○○○ 올림 (여)

〈쪽지 7〉

　선생님, 안녕하세요? 선생님, 부끄럽지만 다시 우유 당번을 하고
싶어요. 선생님, 제가 ○○○과 △△△을 좋아하는 것을 아시지

요? ○○○과 △△△이가 우유를 받아 먹기 때문에 다시 우유 당번을 하고 싶어요. 제발 부탁이에요. 선생님, 게으름 부리지 않고 우유통을 씻어 말릴게요. 제발 부탁이에요. 안녕히 계세요.
1993. 7. 8. ○○○ 올림 (남)

〈쪽지 8〉
　선생님께
　선생님, 우리 누나를 좀 도와 주세요. 제일 작은 누나가 23살인데 아직 나이까지 모르고, 1학년 문제도 못 풀고 집안 일만 하고 있어요. 몸은 아픈데 집안 일을 하려면 무척 힘들겠죠. 선생님, 제발 좀 도와 주세요. 어른이 오면 빨리 방에 들어가 문을 잠가 버리고 갈 때까지 기다리거든요. 우리 동네 아이들은 "야, 이 빙시야." 하고 놀려요. 그러면 우리 누나가 불쌍하고 슬퍼요. 선생님, 제발 부탁입니다. 그 대신 저도 일기랑, 관찰, 그 밖의 과제를 잘 해 오겠습니다. 선생님, 어려운 부탁이지요? 너무나도 답답해서 그러는 것입니다. 선생님, 언제나 몸 건강하세요.
1993. 7. 8. ○○○ 올림 (남)

〈쪽지 9〉
　선생님, 안녕하세요? 저 ○○예요. 저는 우리 반에 좋아하는 아이가 한 명 있어요. 어떤 때는 그 애와 저와 눈이 마주칠 때도 있고, 그 애가 나를 쳐다보다가 내가 쳐다보면 재빨리 아무 일 없었던 것처럼 행동하곤 해요. 누구냐고요? ○○○이에요. 저도 어떤 때는 쳐다보기도 해요. 선생님, 저는 ○○○을 좋아하고 ○○○도 저를 좋아하고 있는 것 같아요. 선생님, 가르쳐 주실 수 있으세요? ○○○ 집 주소 말이에요. 선생님, 저와 ○○○은 잘 될 수 있을까요? 잘 될 수 있을 거예요. 선생님이 이루어지게 해 주시면 이 은혜 잊지 않을

게요. 안녕히 계세요.
1993. 7. 8. ○○○ 올림 (남)

〈쪽지 10〉
　선생님께

　선생님, 선생님이 아시다시피 이 작은 꼬마가 고민이 있어요. 선생님도 아시지만 제가 또 공개해 드리겠어요. 저는 지금 우리반 ○○이를 좋아해요. 심심하면 ○○이 집에 전화를 하지요. 선생님 저는 사춘기이지요? 아이들이 누구를 좋아하면 사춘기라는데 선생님, 제발 ○○이와 짝꿍을 해주세요. 2학기 때요. 제가 왜 ○○를 좋아하냐 하면 마음이 좋고 부지런한 아이라 그래요. 선생님이 도와 주시면 우리는 영원한 사이가 될 거예요. 선생님, 이건 말 안 할라 그랬는데 말할게요 사실은 잠잘 때 내하고 ○○이하고 결혼하는 꿈을 꾸었어요. 그 뒤 돼지꿈을 꾸었는데 그 때는 기분이 좋았어요. 선생님, 도와 주세요.
1993. 7. 8. ○○○ 올림 (남)

〈쪽지 11〉
　선생님께

　선생님, 전 오른쪽 새끼발가락이 이상해요. 선생님께만 알려 주는 건데요 선생님, 저에게 발 보여 달라거나 다른 사람들에게 알리지 마세요. 저의 새끼발가락은 발톱이 세 개예요. 크기도 좀 크고. 수술을 서너 번 했지만 전부 다 실패했어요. 어떤 병원에 있을 때에는 허벅지 옆의 살을 떼어 발가락에 붙이기도 했어요. 하지만 모두 실패했어요. 제일 큰 병원에 가도 모두 실패해서 죽고 싶은 적도 있었답니다. 저번에 맨발로 운동장 뛰기에서도 “양말을 벗어.” 해서 얼마나 당황했는지 몰라요. 그래서 발가락을 보이지 않게 하기 위해 온갖 수법을 다 써 아이들에게는 다행히 들키지 않았어요. 선생님, 발가락을 떼고 싶은 생각도 들어요. 선생님, 정말 어떡하면 좋을까요? 진짜 이거 아무한테도 말하지 마세요.

1993. 7. 8. ○○○ 올림 (남)

〈쪽지 12〉

　선생님, 저는 선생님께 특별한 부탁이나 할 말은 없고, 막상 말하려고 해도 할 말도 생각이 안 나요. 그런데 한 가지 궁금한 것이 있어요. 우리들의 생리 현상이 궁금하거든요. 어떻게 되는지 선생님은 잘 아실 거예요. 어떤 아이들은 두렵다고 하는데 저는 아직 아무 기분도 나지 않아요. 어떤 것인지 조금은 아는데 자세하게 모르기 때문에 좀 상담해 주세요. 그럼 이만 줄일게요.

1993. 7. 8. ○○○ 올림 (남)

〈쪽지 13〉

　선생님께

　선생님, 안녕하세요? 이 기회를 통해 선생님께 말씀드릴 것이 있어요. 뭐냐 하면 우리 반 남자 아이들이 요즈음 이상한 행동을 하는 것 같아요. 저를 비롯해서 ○○이 등 몇몇 아이들은 빼놓고요. 특히 △△△이가 심한데 뭐라고 하냐 하면요 '씨라라' 하고 말해요. 씨루는 게 뭐냐 하면요 제 입으로 직접 말하기는 그렇구요, 다른 아이들한테 한번 물어보세요. 그래서 맨날 '씨라라' 하는데 정말 듣기가 거북해요. 또 소년 중앙(남자의 중심부)을 막 내밀면서 '헉헉' 하는데 정말 흉측해요. 선생님, 주의를 좀 주세요.

1993. 7. 8. ○○○ 올림 (남)

〈쪽지 14〉

선생님!

지금 우리 집에 자꾸자꾸 불행이 오고 있어요. 전번에 언니가 여행
(MT)을 갔을 때 엄마가 2층 계단에서 내려오다가 넘어져서 이빨이
다 부서졌어요. 그래서 밤에 병원에 갔다 왔는데 이빨을 네 개나 빼
고 가짜 이빨, 보조 이빨을 만들어서 왔어요. 요즘은 얼굴이 괜찮지
만 그 때는 꼭 엄마가 다른 나라에서 온 외계인 같았어요. 그리고 요
즘에는 아빠가 술만 잡수시고 밥을 안 드셔요. 지금 제가 어떻게 해
야 하지요, 선생님?
1993. 7. 8. ○○○ 드림 (여)

〈쪽지 15〉

선생님! 저 통지표에 '미'가 나오면 크게 혼날지도 몰라요. 6학년
올라와서 열심히 공부해 '미'는 안 나오게 한다고 부모님과 약속을
했거든요. 물론 제가 노력을 안 하고 게으름만 피운 것에 대해서는
선생님께 사과드리고 싶은데, 어떡해요. 좀 도와 주세요. 지금 생각
하면 내가 왜 그렇게 게으름만 피웠는지 모르겠어요. 아휴, 바보.
○○○ 올림 (여)

〈쪽지 16〉

선생님께

제가 너무 욕설을 잘 하고 아이들에게 좀 심술궂은 장난을 치다보
니까 애들이 나보고 '여깡'이라고 놀려댑니다. 전 장난으로 하는 말
인 줄 알면서 왠지 이상한 느낌이 들어서 싫어요. 그리고 우리 반 아
이들이 저를 좀 싫어하는 것 같아서 제대로 어울려 놀지도 않아요.
서로 화합이 되지 않으면서 다투기만 해요. 어떻게 하면 아이들이 저
를 좋아할까 생각하며 유머스러운 말들을 꺼내어 웃음이 나오도록 하

려고 노력하지만 아이들은 본척 만척 들어 주지도 않아요. 우리 반 아이들이 저를 좀 좋아할 수 있는 방법을 매일 집에서 생각해 보기도 하지만 좋은 방법이 나오지 않아요. 언니한테 말하면 공부도 열심히 하면서 활발하고 명랑하게 지내라고 해서 그렇게 하지만 아이들은 나의 마음을 잘 이해해 주지 못해서인지 가깝게 지내려고 하지 않는 것 같아요. 선생님! 우리 반 아이들과 싸우지 않고 친하게 지내고 가깝게 지낼 수 있는 방법은 없을까요? 도와 주세요!

1993. 7. 8. 고민하는 ○○ 올림 (여)

3. 선생님, 따지고 싶어요

아무리 민주 학급이라 하더라도 불만을 모두 드러내 놓고 말할 수도 없고, 잘 말하지도 않는다. 겉으로야 불만이 없는 것 같아도 마음놓고 말할 수 있는 조건이 확실하게 주어지면 뜻밖에도 아주 많은 불만의 소리가 나온다. 더구나 독재형 교사의 학급에서는 말할 것도 없겠지.

이런 불만의 소리를 들으려면 담임, 교장, 교감을 비롯한 여러 선생님, 반이나 학교에 대해서 하고 싶은 말을 마음놓고 할 수 있도록 기회와 자리를 한 달에 한 번쯤은 만들어 주어야 한다. 이것이 '선생님께 하고 싶은 말 쓰기' 이다

이 때만큼은 좋지 않는 점만 쓰도록 하고, 자신의 이름을 밝히지 않아도 좋도록 한다. 또 이 때 자기 쪽으로만 생각해서 불평하는 식으로 쓰지 말고 요것 조것 잘 따져서 진지한 태도로 쓰도록 한다.

담임 교사는 먼저 아이들의 소리를 받아들일 수 있는 마음 자세를 단단히 갖추고 있어야 한다. 마음을 넓게 가지고 있다가도 생각보다 정도가 깊은 아이들의 불평 불만을 듣고 나면 몹시 불쾌하거나 개운치 않을 수가 있다. '내가 너희들을 위해서 얼마나 애썼는데……' 싶은 생각이 들어 분한 생각이 들 수도 있을 것이다. 그렇다고 해서 너무 속 상해할 필요는 없다. 잔잔한 마음으로 받아들여 하나하나 풀어나가야 한다.

조그만 일에도 정도가 깊게 불만을 나타내는 아이들도 있고, 아직 생각이 많이 모자라서 사실을 잘못 인식하고, 옳지 않은 판단을 할 수도 있다. 잘못 인식해서 그릇된 판단을 하여 쓴 글도 아이들을 아는 데 중요한 자료가 되니까 받아들여야 한다. 그런 것도 그냥 두면 자꾸만 아이들과 교사 사이에 불신의 깊이만 더하게 되니까 아이들의 생각이 잘못되었으면 어떻게 해서 잘못되었는지 아이들이 이해하고 인정할 때까지 분명하게 풀어서 밝혀 주어야 한다. 교사가 잘못되었다 싶으면 잘못을 인정하고 용서를 빌어야 한다. 또 서로 잘못을 고치는 일이 바로 이어져야 함은 두말할 나위도 없겠지.

그런 뒤에 교사와 아이들 사이는 더욱 가까워지게 된다. 아이는 교사를 믿고 잘 따르며 좋아하게 되고, 교사는 그런 아이들이 더욱 사랑스럽게 보일 것이다. 교사의 권위가 떨어질 것이라고 염려하는 분도 있겠지만 오히려 아이들이 교사의 권위를 세워 주게 된다는 것을 알아야 한다.

다음에 아이들의 글을 몇 편 내보인다. 여기에 내보인 글은 담임인 나에게 쓴 편지다. 이름을 밝히지 않아도 좋다고 했지만 나를 좀 믿는 편이어서 정말 이름을 밝혀서는 안 될 곳에도 내 앞에서는 밝힌다. 짬이 나면 학교, 교장, 교감, 다른 여러 선생님들에 대한 불만도 편지글 형식으로 적어 보도록 해야겠다.

〈글 1〉 선생님께

선생님, 며칠 전만 해도 너무 더웠는데 갑자기 비가 와서 감기에 걸리지는 않으셨어요?

저는 선생님이 알고 계시는 것보다 더 심하게 감기에 걸렸어요. 어제 아침에는 아래 주사 두 대 맞아서 열이 내렸는데 오후에 또 다시 추워져서 열이 아주 많이 올라갔습니다. 그래서 병원에 또 갔어요. 어제도 두 대나 주사를 맞았는데 아래와 달랐어요. 열이 내리기는커

녕 더 올라가서 죽는 것 같았어요. 머리에도 열이 아주 많이 나고 얼굴에도 열이 아주 많이 났어요. 일어나면 어지럽고 머리가 깨어질 것 같았어요. 왠지 어제 저녁은 1년이 지나간 것 같았어요. 그래서 숙제도 못 하고 일기도 못 썼어요.

선생님, 저는 선생님이 다 좋은데요, 꼭 쓰라고 하시니까 한 가지만 섭섭한 이야기를 할게요. 선생님은 순영이하고만 가까이 지내는 것 같아요. 그러나 저와 가까이 지내자는 것은 아니에요. 우리 반 아이 모두를 위해 주시고 생각해 주셔야 한다는 것을 잊지 말아 달라는 것입니다. 우리 반에서 활발한 건 순영이가 제일 활발할 거예요. 나머지는 모두 조용한 편인데 선생님께서는 활발한 아이를 더 가까이 하시는 것 같아요. 선생님, 제가 선생님 제자가 되지 않았더라면 아마 전학을 갔을 거예요.

선생님, 조금 전에 윤정현이 사왔다는 화분을 실수로 깨뜨렸지요. 그 때 정현이를 보니 우는 것 같았어요. 친구들이 행동을 보니 정말 울었대요. 저도 그럴 때가 있었어요. 선생님께서도 알고 계시듯이 그 때 눈물이 나오려고 했는데 꾹 참았어요. 그리고 선생님, 제가 아플 때 선생님께서 제 이마를 만져 보시고 그 이마에 살짝 뽀뽀를 해 주실 때에 왠지 눈물이 났어요.

선생님, 전 선생님께 제 마음을 다 털어내려고 해요. 괜찮겠지요?

전 친구와 싸우기 싫어요. 그런데 진미는 싸움을 만들어내는 것 같아 싫어요. 6학년이 된 지 3주 되는 날 유통 사진을 진미 볼에 대니 나를 마구 때리는 거였어요. 그 땐 눈물까지 흘렸어요. 아무 일도 아닌 것 가지고 진미와 다툰 일도 많아요. 그래서 진미와 있고 싶은 날이 별로 없어요. 진미는 내 친구 윤지를 좀 안다고 귀찮아하는데도 장난을 막 걸어요. 그것도 곱게 장난을 걸면 괜찮지요. 완전히 남자 같아요. 선생님, 이것도 내가 나쁜 거예요?

선생님, 내 동생은 내년이면 5학년이 되요. 그런데 선생님, 5학년은 교생 선생님이 오시지 않는 반만 야영을 가잖아요. 선생님은 자동적으로 교생 선생님을 맡게 되는데도 선생님 제자가 한번 되고 싶대요.

그리고 선생님, 청량 음료수보다 단술을 만들어 먹으면 좋다고 했지요? 그래서 제가 어머니께 단술을 만들어 달라고 했더니 만들어 주셨는데 너무 무리한 부탁을 해서 그 때는 힘드셨대요. 하지만 재미있으시대요. 아버지께서는 몸살이 나셔서 가게에 안 나오시니까 선생님에 대한 이야기를 듣지 못해요.

선생님, 지난 해 8월 27일 태어난 막내 동생 관욱이는 이제 손뼉도 소리나게 치고 흉내도 잘 내어 너무너무 귀여워요.

선생님, 그럼 이만 줄일게요.

안녕히 계세요.

1993. 5. 1. 선생님의 제자 태혜선 드림

〈글 2〉 선생님께

선생님, 안녕하세요? 전요, 선생님께 할 말이 그렇게 많지 않아요. 좀더 많이 생활한다면 몰라도요. 아무튼 할 말을 하겠어요.

선생님, 전요, 선생님이 무척 좋았어요. 처음 전학 왔을 때는 웃기시기도 하고 재미있었어요. 그런데 요즘은 선생님에 대한 존경심이 점점 식어가고 있어요.

선생님, 선생님이요 가장 싫을 때가 있어요. 형준이 위주로만 감싸고 도실 때요. 제가 성격이 나빠서 그럴 수도 있겠지만 선생님께선 너무나 형준이를 감싸고 도시는 것 같아요.

저번 미술 시간엔 참 섭섭했어요. 포스터를 그릴 때 선생님께서 그러셨죠.

"형준이가 바탕색 노란색을 했는데 다른 사람도 다 따라 했네."

선생님, 선생님께서 어떻게 아세요? 저도 그 때 노란색 바탕을 했어요. 선생님께서 그 말씀을 하셨을 때 얼마나 속이 상한 줄 아세요? 저도 노란색을 해야지 생각했는데……. 아무리 사람마다 생각이 다르다지만 같은 경우일 때도 있잖아요.

그리고 선생님께서 장난으로 그러시지만 형준이보고 '회장 나으리' 하실 때 너무나 기분이 나빠요. 꼭 형준이한테만 금색 옷을 입히고 난 초라한 거지가 된 기분이거든요. 비록 제가 전학 온 지 얼마 안 되었지만 그래도 그 쪽 학교에선 선생님께 사랑도 많이 받고 했거든요. 그렇다고 형준이에게 적개심 같은 건 없어요. 다만 선생님께선 언제나 형준이 위주로 사는 것처럼 보였을 뿐이니까요.

선생님, 다시 한 번 '저에게 관심 좀 가져 주세요.' 하고 말하고 싶어요. 맨날 선생님께선 "정현아!" 하고 부르시고는 "아아니, 미영이 이리 좀 온나."라고 하실 땐 얼마나 서운한 줄 아세요? 여기 전학 온 것이 서글퍼질 때가 바로 이럴 때예요.

선생님, 그리고 어제 일기장 보이고 가라고 하셨죠? 그래서 전 빨리 일기장을 들고 갔어요. 그런데 선생님께선 뭐라고 하신 줄 아세요? "마, 됐다. 정현이는 그냥 가도 좋다."라고 말씀하셨죠. 전요, 즐거운 표정으로 친구들과 집에 갔어요. 하지만 얼마나 섭섭했는지 아세요? 절 책상 앞에 꿇어앉혀 놓으시고 꾸중이라도 한 말씀 해 주세요. 그러는 것이 저에겐 기분 좋은 일이거든요.

선생님, 그리고 죄송해요. 선생님께서 제가 가지고 온 화분을 깨뜨리셨을 때 전 울었어요. 무척이나 가슴이 아팠어요. 그래서 울었죠. 힐끔 본 선생님의 얼굴을 빨간색으로 변해 계시더군요. 죄송했어요. 선생님을 더욱 당황케 하는 것 같아서요.

아, 후련하군요. 이젠 선생님이 더욱 좋아질 것 같아요.

선생님, 그럼 이만 쓸게요. 언제나 건강하세요.

1993. 5. 1. 사랑받고 싶은 제자 '정현' 올림

〈글 3〉 선생님께

선생님, 안녕하세요?

요즘 들어 선생님께서 무척 울적해하시는 것 같아 마음이 아파요. 우리들 앞에서는 안 그러셨으면 하는 생각이 들어요.

선생님께 한 가지 실망한 점이 있어요 이 일로 해서 선생님이 매우 미워요. 저는 선생님께서 아시다시피 '에이씨' 라는 좋지 못한 말버릇이 있어요. 그래서 선생님께서는 다른 아이들이 '에이씨' 라고 말하면 저를 닮았다고 하시는데 그 말을 할 때면 너무 화가 나서 당장이라도 집에 뛰쳐가고 싶은 생각이 들어요. 겉으로는 웃어도 속으로는 무척 화가 나서 집에서 운 적도 있어요. 저도 '에이씨' 라는 말을 하고 싶어서 하는 게 아니잖아요. 단지 버릇이 좋지 못해 생긴 걸 절더러 어쩌란 말이에요. 선생님이 이런 말씀을 하실 때만 너무 미워서 차라리 안 계셨으면 하는 생각까지 들었어요. 그리고 '에이씨' 라는 말은 저만 하는 것도 아니잖아요. 선생님께서도 가끔 '에이씨' 라는 말씀을 하시잖아요.

그리고 요즘 들어 선생님께서 나를 미워하시는 것 같은 예감이 들어요. 그렇다고 해서 선생님을 미워하진 않아요. 혹시 '에이씨' 라고 말해도 용서해 주세요. 요즘 그 버릇을 고치기 위해 노력하고 있으니까요.

선생님, 정말 죄송해요. 오늘 선생님께서 울적해하셔서 금방이라도 우실 것만 같은 예감이 드는데 나쁜 말만 드려서…….

존경하는 나의 이호철 선생님, 사랑해요!.

1993. 5. 1. 은정 올림

〈글 4〉 선생님께

선생님, 안녕하세요? 3모둠의 4번 남우정이에요.

선생님, 선생님이 하시는 일에 불평하는 것은 아닌데 저는 정말로 내 생각 발표가 싫습니다. 그림 그리기는 재미있는데 내 생각 발표는 정말 싫습니다. 생각은 했는데 막상 앞에 나가서 발표를 하려고 하니 앞이 깜깜해지고 말할 내용을 까먹어 버립니다. 그리고 부끄럽고 용기가 잘 나지 않습니다. 저는 정말로 내 생각 발표는 죽어도 싫습니다. 그것말고는 싫은 것이 없습니다. 시, 그림 그리기 등 모든 것은 할 자신이 있으며 그런 것들은 꼭 했으면 좋겠습니다.

선생님, 그리고는 할 말이 별로 없어요. 이 말을 하고 나니 기분이 좋고 마음이 편안해져요.

선생님, 질문을 하나 하겠어요. 5학년 때 선생님에게 물어 보니 답을 가르쳐 주시지 않았어요. 저는 5학년 때부터 궁금했던 것입니다. 꼭 답해 주세요. 선생님 있잖아요. 정말 알고 싶은 것이걸랑요. 선생님, 시험요, 누가 만들었나요? 5학년 때 이 질문을 하다가 꿀밤을 맞을 뻔했어요. 선생님은 꼭 답을 해 줄 거라고 생각합니다.

선생님, 선생님은 웃기실 땐 정말 웃기시는데 야단을 치실 때에는 정말 사자보다 더 무서워서 싫어요. 무서운 건 정말 싫거든요.

우리 어머니가 선생님 이야기를 하시는 것을 적어 드리겠어요. 우리 어머니가 일하러 다니는 회사에서는 선생님을 모르는 사람이 없어요(준비실만 알고 있음). 제가 어머니에게 우리 선생님 꼭 만나 보시라고 하니 돈이 없어서 못 간다고 하십니다. 그래서 어머니에게 이렇게 말했어요.

"우리 선생님께서는 그런 것을 바라지 않아요."라고 말입니다. 그러니 "세상에 뭐 사가지고 찾아가야지, 그런 거 싫어하는 선생님이 어디에 있겠노." 하며 안 찾아뵐려고 해요.

선생님, 다시 한 번 말을 하는데 정말 내 생각 발표가 싫어요.

선생님, 그럼 안녕히 계세요.

1993. 5. 1. 우정 올림

4. 내겐 이런 비밀이 있어요

요즈음 남에게 한 부끄러운 행동이나 남을 속인 행동, 양심에 비추어 죄가 되는 일을 숨기지 않고 낱낱이 적어 보도록 하는 것이다. 이렇게 한번 적어 봄으로써 마음을 깨끗하게 거르고, 또 다시 그런 그릇된 행동을 하지 않게 되리라고 본다.

부끄러운 일을 숨기지 않고 자세하게 말하도록 하기 위해서는 그 뜻을 충분히 잘 알아듣도록 이야기해 주어야 한다. 조금이라도 꺼림칙하면 숨김없이 말하지 않으니 매우 중요하다.

여기서는 이름을 떳떳이 밝히도록 하는데, 다시 그런 그릇된 행동을 하지 않겠다는 약속의 뜻에서 그렇게 쓰도록 하는 것이 중요하다. 그러나 이런 글을 여러 사람 앞에 내보일 일이 있을 때는 아이의 의견을 물어서 내보여야 하고, 그 아이가 허락을 하더라도 교사의 판단에 비추어 그 아이에게나 가족에게 좋지 못한 영향을 줄 것이라 여겨지면 이름을 밝히지 말아야 한다.

또 글에 나타난 일을 트집 잡아 아이에게 따져 묻거나 꾸중하지 말아야 한다. 전체 아이들의 생활 지도를 할 때는 감동을 받아서 저절로 마음이 움직일 수 있도록 좋은 이야기를 잔잔하게 해 주어야 하고, 개별로 생활 지도를 해야겠다 싶은 아이는 아주 조심스럽게 접근해 가며 지도해야 할 것이다.

여기에 내보이는 몇 편의 글은 거의 모두 무엇을 몰래 훔친 이야기다. 글을 쓰도록 할 때는 쓸 거리를 아주 세밀하게 보기를 들어 가르쳐 주어야 여러 가지 내용의 글이 나온다.

〈글 1〉 지우개 훔친 일

작년 어느 날 아침 학교 올 때의 일이다.

일주일 전부터 가지고 싶었던 지우개였다. 하트 모양으로 여러 가지 색으로 되어 있는데 그것이 너무 가지고 싶었다. 그런데 그 값이

500원이었다. 친구보고 그 지우개 있다며 오늘 가져오기로 했는데 바로 지금 돈이 없어서 어떻게 할지 망설이기 시작했다. 바로 이 때 머리에 스치며 왔다갔다하는 말이 생각났다.

'훔칠까 말까? 훔칠까 말까?'

망설이다가 너무 예뻐 갖고 싶은 마음에 그 가게에 들어갔다. 조심스럽게 행동하였다. 아줌마가

"뭐 줄까 응?"

하며 묻자 나는

"아니에요."

하며 구경하는 척하였다. 그 때 만지고 있던 그 지우개를 주머니 속으로 넣고 말았다. 그러고는 없다는 듯이 교문 안으로 들어가고 말았다.

짝꿍 연희가 오더니

"니 그 지우개 가지고 왔나?"

하고 물었다. 나는

"그래, 내가 누군데."

하며 뽐을 내었다.

지우개 소리만 들으면 가슴이 울컹거린다.

그 가게 아줌마가 우리 반에 오길래 나는 가슴이 떨렸다. 쥐구멍이 있으면 들어가고 싶었다. 그 아줌마는 우리 반 누구에게 뭘 갖다 주러 온 것이었다.

나는 등교할 때나 하교할 때 그 아줌마와 눈이 마주치면 놀란다. 오후에 집에 갈 때 내가 그 가게 앞을 지나가는데 그 아줌마의 남편이

"이와, 이 지우개 오늘 몇 개 나갔노?"

하고 묻자 아줌마는 장부를 보며

"두 개."

하였다. 아저씨는 헤아려 보고

“하나 어디 갔노?”
하였다. 그 큰 소리가 뼛속까지 들려왔다. 나는 놀라서 뛰어갔다.
　나는 그 아주머니와 아저씨를 보면 양심이 찔려서 그 가게에 가지
않는다. 좋은 것이 있어도 그 일 때문에 가지 않는 성질이 있다.
　나는 그 아주머니께 솔직히 말하고 그것을 털고 싶다. 부끄럽고 용
기가 없고 겁이 나서 이야기 못 하지만 언젠가는 이야기하고 다시는
그런 짓을 하지 않겠다. 또 친구에게 지우개도 없으면서 가져온다고
거짓말을 해서 더욱 부끄럽다.
(1993. 6. 22. 6학년 심○○)

〈글 2〉 친구의 장식용 고양이
　며칠 전 친구 집에 놀러갔다. 그 아이 집은 좀 부자라 할 수 있다.
자기 아빠 엄마 다 일하러 나가시고 혼자 집을 지키고 있었다.
　놀자고 나를 불러 친구 집에서 놀았다. 그런데 친구 책상 위에는 좋
은 것이 아주 많았다. 새로 나온 책상에다 멋진 책과 학용품을 자기
책상 위에 장식해 놓았다. 그 중에서도 분필 비슷한 것으로 만든 것
에다 니스칠을 해서 물감으로 칠해 놓은 장식용 고양이 두 마리가 너
무 귀여웠다. 꼭 내가 갖고 싶었다. 그 애가 잠깐 화장실에 간다고 나
보고 방에 있으라고 했다. 친구가 없으니까 장식품 고양이가 더 탐이
났다. 살짝 주머니에 넣고서는
　“친구야, 내 집에 갔다 올게.”
하며 그것을 집에 가지고 갔다. 내 방에 놔둘려니 좀 떨렸다.
　‘그 애가 날 찾아오면 어쩌지? 날 보고 가져갔다면 어쩌지?
　무서운 생각이 났다. 다시 그 친구 집에 갖다 줄 수도 없고 해서 그
냥 우리 집 화장실에 빠뜨려 버렸다.
　그래도 마음이 놓이지 않았다. 내가 왜 그런 짓을 했을까? 저녁에
자려고 해도 잠이 오지 않았다. 계속 그 생각이 머리에 떠올랐다. 잠

이 안 와 책을 볼려고 해도 그 생각이 자꾸 나기만 했다.

난 이것을 쓰면서 그 일을 뉘우친다. 한 가지 문제는 이걸 바로 고백해야 하는가 마는가이다. 참 고민이다.

(1993. 6. 22. 6학년 이○○)

〈글 3〉 누나의 안경

얼마 전의 일이다. 텔레비전을 보려고 방으로 들어갔다. 방에서는 누나가 이불을 깔고 쿨쿨 자고 있었다. 나는 먼저 텔레비전을 켜고는 이불 있는 곳으로 가 앉을 때였다. 갑자기 '뿌지직' 하는 소리가 나는 것이었다. 깜짝 놀라 얼른 일어서서 밑을 보았다. 이럴 수가! 밑에는 누나 안경 알이 금이 가 있었다. 그 순간 나는 아무 생각도 나지 않았다. 단지 앞이 캄캄할 뿐이었다. 그런 후 시간을 돌릴 수만 있다면 하는 생각밖에 나지 않았다. 안경을 아무데나 놓아둔 누나가 밉기도 하였다.

나는 어떻게 할지 몰라 텔레비전을 끄고 내 방으로 뛰어들어 갔다. 그 때 큰누나는 욕실에서 세수를 하고 있어서 불행 중 다행이었다. 나는 그냥 다시 갈면 되겠지 하는 생각으로 그냥 세수나 하고 잠자리에 들었다.

다음 날은 일요일이었다. 잠자리에서 일어난 누나는 깨진 안경을 보며 엄마께

"엄마, 내 안경 왜 이러노?"

하고 말했다. 그러자 엄마는

"아이구 깨졌네. 엄마는 어제 저녁에 그냥 안경 올려놨는데……. 그러길래 왜 바로 옆에 놔두고 자노. 또 자다가 눌렀제."

하며 꾸중하셨다. 그 순간 나는 찔렸다. 이빨 위와 아래를 붙이고 있느라고 신음을 했다. 그러나 이내 겉으로 아무 일 없는 듯이 태연하게 앉아만 있었다. 두렵기도, 떨리기도 했지만 말할 용기가 나지 않

았다.

　엄마는 누나보고 다시 맞추러 가자고 하였다. 하지만 나는 아직까지 이걸 비밀로 감춰서 내 마음 구석에 틀어박혀 있다.
(1993. 6. 22. 이○○)

〈글 4〉 엄마의 돈
　1주일 용돈이 다 떨어졌다. 그래서 큰방으로 가니 엄마는 없고 텔레비전 위에 잔돈 900원이 눈에 띄었다. 베란다로 가서 창문으로 밖을 보니 엄마는 저쪽 4동 앞에 있었다. 가슴이 두근두근거렸다. 그래도 안심이 안 되어 문을 잠궜다. 큰방으로 가서 큰방 문도 잠그고 휙 둘러 본 다음에 텔레비전 위로 손을 뻗었다. 차가운 동전이 잘그락거리며 내 손에 쥐어졌다. 나는 손가락으로 돈을 세었다. 100원, 200원, 300원……. 딱 900원이었다. 나는 이래서는 안 된다고 생각하면서도 200원을 들고 나머지 돈을 텔레비전 위에다 놓았다.
　밖으로 나가려고 돈을 호주머니에 넣었다. 손이 벌벌 떨리고 엄마의 목소리가 들리는 것 같았다. 두 눈 꼭 감고 방문을 열었다. 현관문에 달려 있는 망원경으로 밖을 보니 아무도 없었다. 창문으로 봐도 엄마는 아까 그 자리에 있었다. 안심이 되어 내 방으로 들어가서 책을 보았다. 그런데 책이 하나도 재미가 없었다. 덜덜 떨리기만 했다. 그런데도 나는 슈퍼로 가서 과자를 샀다. 먹었다. 그런데 눈물이 막 났다. 너무 겁이 나서 다음부터는 안 그래야겠다고 생각하며 엉엉 울었다.
　눈물을 닦고 표시를 안 내며 집으로 들어갔다. 엄마는 돈이 없어진 것을 모르는 모양이다. 방으로 후다닥 뛰어들어 가서 이불을 푹 덮어 쓰고 눈을 꼭 감고 있었다.
　그런데 큰방에서 엄마가 부르는 소리가 들렸다. 깜짝 놀라 벌떡 일어나 고개를 푹 숙이고 큰방으로 갔다. 엄마는 웃으시며 콩나물을 사

오라고 하셨다. 돈을 받고 나가며 한숨을 푹 내쉬었다. 엄마한테 너무 미안했다. 다음부터는 다시는 안 그러겠다고 다짐하였다.
(1993. 6. 22. 6학년 신〇〇)

〈글 5〉 내 양심
  어느 날 학교를 마치고 집으로 돌아갈 때의 일이었다. 내가 아이스크림을 하나 사 들고 학교 건널목 앞 오르막길을 걷고 있었다. 나는 내가 들고 있는 아이스크림을 뜯어서 봉지를 들고는 주춤거리다가 그냥 아무 곳에나 던져 버렸다. 조금 걸어가다가 뒤를 돌아보니 커다란 아이스크림 봉지 하나가 내리막길 한가운데 자리잡고 있는 것이었다. 보기도 흉하고 해서 다시 주울까 생각하고 주춤거리다가 다시 가면 다리도 아프고 힘들 것 같아서 그냥 와 버렸다.
  다른 사람이 그냥 버리고 가면 속으로 막 욕을 하고 그러는 나다. 그런데 나는 버렸다. 그 때부터 나는 부끄럽고 죄책감을 느낀다. 나는 청소를 할 때마다 '그 때 그 아이스크림 봉지를 주웠더라면 좀 더 떳떳할 텐데……' 하고 생각한다. 그 쓰레기를 치우는 사람은 분명히 날 원망했을 것이다.
  지금 생각해 보면 너무 안타깝고 슬픈 일이다. 그 때 좀더 깊이 생각해서 그 쓰레기를 주워야 하는 건데 말이다. 아무리 생각해 보아도 나는 비겁하다. 앞으로는 절대로 비겁한 짓은 하지 말아야 한다. 그래야 그 때 그 벌을 받는 것이 되니까.
(1993. 6. 22. 6학년 박정미)

5. 부모님께 시험지 보이기 두려워요
  시험을 친 뒤, 붉은 글씨로 점수가 씌어 있는 시험지를 받아들고 걱정하는 아이들의 모습을 보면 안쓰럽다. 더구나 낮은 점수를 보고 부모님의 모습을 떠올리며 두려운 마음을 가눌 수 없어 벌벌 떨고 있는 아이들이나 울고 있는 아이들도 가끔 있는데, 그 아이들을 보면 정말 같이 울어 주고 싶은 마음이다.

초등학교 때부터 지식 나부랑이를 얼마나 머릿속에 집어넣었는지 점수를 매기는 것도 그렇지만, 점수로 사람의 가치까지 매기는 세상이니.

어른들은 오히려 어차피 겪어야 할 운명이라고 한다. 그 정도도 못 참으면 어떻게 살아갈 거냐고도 한다. 그러면서 무조건 아이들을 닦달하고, 그렇게 닦달해도 마음에 들 만큼 안 되면 폭력이 나오게 되는 것이다. 폭력 가운데 말로 하는 폭력도 아이들 가슴에 큰 상처를 입히기는 마찬가지다. 그런데 말로 하는 폭력은 말하는 어른이나 듣는 아이들 모두가 예사롭게 생각하는 경우가 적지 않다.

시험을 치르다 보면 잘하는 아이도 있고 못하는 아이도 있다. 그런데 어른들은 하나같이 모두 똑같이 잘 해야 한다고만 생각한다. 자기 자식이 다른 아이들보다 앞서기를 바라지 않는 부모가 어디 있으랴마는 능력이 모자라는 아이는 어떡하나. 능력이 남보다 뛰어나도 뒤쫓기는 그 마음은 어떡하나. 그리고 견디어내기를 힘들어 하는 아이나, 견디어내지 못해 옆길로 가려고 하는 아이는 어떡하나. 그것을 알면서도 채찍질만 해대야 하나. 참 답답한 노릇이다. 어른의 그 잘난 머리로 만든 입시 제도를 고치기는 쉽지 않다. 그렇다 하더라도 아이들이 겪는 아픔이라도 덜어 줄 방법이 없을까. 시험 자체로 받는 압박감은 제쳐 두자.

시험 때문에 부모들로부터 당하는 아이들의 아픔을 알아보기 위해서는 시험지를 아이들로부터 받아든 부모들의 모습, 표정, 행동, 하는 말을 그대로 쓰도록 하면 된다. 물론 글을 쓰게 할 때 어른들이 이런 글을 보고 아이들의 아픔을 알고 깨닫게 하기 위한 것이며, 발표하더라도 이름을 밝히지 않겠다는 것 따위를 잘 알아듣도록 아주 친절하게 이야기해서 마음놓고 쓸 수 있도록 해 주어야 한다. 비록 부모님들이 꾸지람을 하더라도 마음 속으로는 자식들을 사랑하고 잘 되기를 바란다는 것도 일깨워 준다. 이 때 쓰는 글은 자기의 생각이나 느낌을 거의 쓰지 않도록 했다.

아이들 글을 읽다 보면 때로는 부모에게 문제가 있다고 판단되는 경우도 있다. 이런 부모는 상담을 통해서라도 고치도록 힘써야 하고, 아이 자체의 문제도 상담을 통해서 고쳐나가야 한다. 참으로 어려운 일이기는 하지만…….

그 밖에 어떤 일이 있을 때 부모들(어른들)이 아이들에게 대하는 모습들을 생생하게 글로 써 보게 하면 많은 것을 발견하게 될 것이다.

다음에 아이들이 쓴 글을 몇 편 내보인다. 이런 글을 보는 어른들은 좀 깨달아서 시험으로 무조건 아이들을 닦달하지만 말고 아이들의 삶을 중요하게 생각하며 힘을 북돋워 주면 좋겠다.

〈글 1〉 "가시나 니 오늘 직이뿐다"

시험지를 동생에게 보여 주고는 숨겼다. 그런데 동생이 시험지를 가지고 엄마에게 도장을 찍으러 갔다. 큰일이다. 동생, 나 모두 시험 점수가 에이, 완전 개판이다.

동생이 꾸중 듣고는 내 시험지가 있다는 것을 고자질해 버렸다. 엄마가

"이 가시나 니는 시험지 있으면서 와 없다 캤노. 빨리 시험지 가져와라!"

악을 쓰며 고함쳤다. 그 바람에 억지로 시험지를 갖다 드렸다. 국어 80점, 산수, 사회, 자연, 잘 넘어가던 것이 음악에서 딱 멈추었다.

음악 70점!

"이놈에 가시나야, 니는 피아노 6년이나 쳐놓고는 이것도 못 하나! 가시나 니 오늘 직이뿐다. 빨리 몽둥이 벗겨 온나!"

눈을 착 흘기고 고함치는 엄마의 표정은, 아 소름이 끼친다. 그 험악하고 거친 숨소리…….

"며칠 맞아야 정신 차리겠노. 니 피아노 선생님한테 다 일러 조뿐

다. 니는 인자 죽었다.”
(1993. 6. 21. 6학년 여)

〈글 2〉 “어휴 이 바보야”
　조진 시험지를 엄마께 보여드렸다. 엄마는 한 장 한 장 넘길 때마다 인상이 점점 찌푸려졌다. 다 보고 나시자
　“뭐? 산수가 세 개? 아휴, 속 터진다. 내 산수 100점이면 말도 안
　한다. 또 자연도 세 개! 어휴, 이 바보야. 전날 공부하라 해도 텔레
　비전 그래 보니까 그카지.”
이렇게 말씀하시며 손으로 머리를 툭툭 치셨다.
　나는 엄마의 손으로 맞아서 너무 아파 고개를 숙이고 엉엉 울어댔
다. 엄마는 시험지를 한장 한장 넘기시며
　“이 문제도 모르나 어휴! 이 새끼가 왜 그카노. 니는 내 아들도 아
　이다!”
하고 소리쳤다. 그리고는 아무 말도 없이 부엌으로 가셨다. 너무 실
망하서서 울분을 터뜨릴 것만 같은 인상이었다.
(1993. 6. 21. 6학년 남)

〈글 3〉 “이 엄마도 도덕은 100점 맞았어”
　얼굴이 험하게 변하시며
　“100점짜리가 하나도 없어. 도덕도 90이냐. 야, 이 엄마도 도덕은
　100점 맞았어. 근데 왜 이 모양이야. 이래도 좋다고 놀 거지. 다음
　부터 잘 해. 됐어! 이 시험지는 아빠 보여 주게 두고 들어가 공부
　해, 빨리!”
(1993. 6. 21. 6학년 여)

〈글 4〉 “아이구, 이 돌대가리야”

요번 시험은 전번 시험보다 잘 못 쳤다. 그래서 나는 근심 걱정에 싸여 하루를 지냈다. 이 날 따라 1분 1초가 왜 그렇게 빨리 지나가는지 금방 수업이 끝나버렸다.

종회를 하고 집으로 갔다. 나는 용기를 내어 어머니께 시험지를 보여드렸다. 그러자 어머니께선 시험지를 한 번씩 훑어보시고는

"아이구 이 돌대가리야, 니 공부 안 하고 실컷 놀 때 알아봤다. 이래 쉬운 것도 틀리나."

나는 가만히 서 있다가 한 마디 했다.

"실수로 틀린 것도 있다."

"실수가 어디 있노. 그카길래 문제 다 읽어보고 풀어라 안 카드나."

나는 가만히 서 있었다. 그러자 어머니께서

"니 다음에도 이래 못 치면 맞아 디질 줄 알아래이."

하시고는 시험지를 주셨다. 나는 방으로 들어갔다. 눈물이 핑 돌았다.

(1993. 6. 21. 6학년 남)

〈글 5〉 "이노무 짜슥이 뒤질라 카나"

학교에서 시험지를 가지고 집으로 가니 어머니와 아버지가 누워 있었다. 난

"학교 다녀왔습니다."

하고 내 방으로 갈려고 하는데 아버지가 날 보고

"빨리 와 봐라!"

했다. 내가 방으로 들어가니

"빨리 앉아라. 시험지 꺼내 봐라."

시험지를 꺼내니 아버지가

"이거 30점 아이가. 이노무 짜슥이 뒤질라 카나. 오늘부터 당장 학원 가라이? '학원 그만 다닐게요.' 하면 넌 그 때 마 뒤진데이."

“예.”

어머니가 깨어나시더니

“시험 잘 쳤나.”

하고 희미한 목소리로 말했다. 아버지가 하는 말이

“잘 쳤긴 뭘 잘 쳐. 사회가 0점이 나오고, 산수가 50점이 나왔는
데……. 자알 쳤다.”

하였다. 아버지와 어머니는 인상을 찡그리더니, 아버지는 나의 머리
를 때렸다. 난 울면서 밖으로 나왔다.

(1993. 6. 21. 6학년 남)

〈글 6〉“으이구, 아들 하나 있는 게……”

시험지를 드리자 어머니의 모습은 눈도, 코도, 입도 모두가 올라가
더니

“이것도 모르나. 공부한다디만 놀았나! 놀았어!”

하시면서 시험지를 땅에 툭 놓는 것이었다. 그러시더니 나보고

“앉아라. 연필하고 가와 봐라! 같이 풀어 보자.”

하셨다. 내가 얼른 연필을 가져오자 엄마가 풀기 시작했다. 풀다가
내가 틀리자 머리를 때리며

“뭐 배웠노, 이 때까지.”

하며 인상을 찌푸렸다. 그리고는

“으이구, 아들 하나 있는 게 공부를 잘 해야지.”

하시고는 턱 놓고 풀기 시작하였다.

〈글 7〉“또 70점 밑으로 내려갔잖아”

학교에서 시험지를 가지고 집으로 갔다. 아버지께서는 오늘 시험친
것을 다 알고 계셨다. 시험지를 가져오라고 하셨다. 나는 떨면서 갖
다 드렸다. 아버지께서는 조용한 목소리로

　"미례야, 시험 이거 또 70점 밑으로 내려갔잖아. 아빠가 시험친 것
을 가지고 뭐라고 그러지는 않겠는데 노력은 했어야지. 좀 덜렁거
리지 말고……. 덜렁거리니까 아는 문제도 틀리잖아."
하며 얼굴을 찌푸리면서 타일러 주셨다.
　아버지께서는 한숨을 한 번 쉬시더니 또
　"미례야, 너 시험 공부 안 했지. 시험 공부 안 해서 이렇게 나왔잖
아. 좀더 열심히 해라. 앞으로 80점 위는 올라가야 한다."
하고 말씀하셨다. 그 옆에 들어오시던 어머니께서
　"어디 시험지 좀 보자. 너 이번에도 못 쳤으면 매 맞을 줄 알아. 어
디 한번 보자."
큰 소리를 내시며 야단을 치셨다. 어머니께서 시험지를 보더니 한숨
을 쉬고는 그냥 시험지를 덮고, 부엌으로 나가셨다.
(1993. 6. 21. 6학년 여)

〈글 8〉"니 언제 쯤 정신 차리노"
　엄마가 시험지를 보시더니
　"너 또 시험 형편없네. 국어 봐라. 몇 점이고? 니 눈으로 봐라. 이
래도 니 놀재. 산수도 잘 한다면서 80점이 뭐꼬. 다른 과목 다 이렇
재. 딱 보면 안다. 산수가 이렇게 나왔는데 다른 점수도 잘 나왔겠
나. 니 맞을래. 니 아빠한테 맞을 준비하고 있어래이. 전에 니 '잘
하께. 잘 하께' 해놓고 니 언제쯤 정신 차리노. 니 중학교 가서 10
등 안에도 못 들어간다, 한 바래이."
하시고는 거실 쪽으로 가셨다.
(1993. 6. 21. 6학년 남)

〈글 9〉"너거 선생은 아이를 어떻게 가르쳐 주노 응!"
　저녁에 시험지를 엄마께 보여 주니 화를 잔뜩 내면서

"니가 직접 시험 점수 봐라, 응. 이게 뭐고, 이게. 니는 매일 텔레비전 보고 놀아재끼니까 이런 점수 나오지, 응. 니 언니 봐라. 지금 대학에 들어갈라꼬 땀 흘리면서 공부하는 것 보고도 이런 점수를 맞아서 내한테 보여주나. 그리고 너거 선생은 아이를 어떻게 가르쳐 주노, 응! 내가 못 살아. 니 때문에 내가 못 살아."

하며 약 30분쯤 야단을 치다가 그 다음부터는 힘이 빠졌는지 아무 소리 하지 않았다.

(1993. 6. 21. 6학년 여)

〈글 10〉 "니 이 성적 가지고 대학 갈 수 있겠니?

시험지를 가져갔을 때, 어머니께서는 늘 바쁘시기 때문에 언니가 내 성적표를 보고 꾸중한다.

"정남아, 니가 이렇게 성적이 내려가면 어떡하니? 우리 집의 유일한 희망인 너가 성적이 이게 뭐고. 니 이 성적 가지고 대학 갈 수 있겠니? 벌써부터 대학 이야기해서 좀 그런데 니 정말 어떻게 할 건데, 응?"

"언니야, 잘못했다."

언니는 30cm 자를 가지고 오면서

"정남이 니 한 개 틀린데 두 대. 빨리 대라. 국어 몇 개 틀렸어?"

"언니야, 앞으로 잘 할게, 언니야."

나는 두 손을 모아 싹싹 빌었다. 그래도 언니는 내 손바닥을 두 차례 때리더니 자를 내려놓았다. 그러고는

"아빠가 니 성적 보고 어지가이 기뻐하시겠다. 니 요번만 봐준다."

하고 나가버린다.

(1993. 6. 21. 6학년 여)

6. 하느님, 읽어 주세요

누구나 하고 싶은 이야기들이 많다. 걱정, 고민, 불만 따위나 어떤 비밀스런 이야기도 있겠고, 비밀스런 이야기는 아니지만 누구도 믿어 주지 않을 것 같아서 깊이 간직하고만 있는 자신의 생각이나 느낌 따위도 있다. 다른 사람들이 들으면 웃어 넘길 정도로 시시한 것이지만 자신에게는 중요한 그런 일도 있을 것이다. 이루었으면 싶은 소원도 있겠고, 이루어질 수 없는 일인 줄 뻔히 알면서도 바라고 있는 소원도 있을 것이다. 소원이라고 하기에는 좀 뭣하지만 갖고 싶은 것, 하고 싶은 일도 많을 것이다.

어쨌든 어떤 일이건 상관하지 말고 온갖 하고 싶은 이야기를 어떤 절대자(하느님)에게 속이 후련하도록 쏟아놓게 하는 것이다.

어른들은 그런 글을 통해 아이들의 마음을 조금이라도 알고 이해하고 도와 줄 수 있을 것이다.

〈글 1〉 하느님께

하늘에 계신 하느님, 우리들을 지켜봐 주시느라 수고가 많으시죠? 전 하느님께 말씀드려 도움을 좀 청하려고 합니다. 그렇게 해도 되죠?

그럼 지금부터 말씀드리겠습니다. 저의 가정에는 보통 가정과 달리 어머니가 계시지 않습니다. 우리에게는 돈 벌러 갔다가 금방 오신다고 해 놓고서는 1년이 지나도 소식은 깜깜입니다. 그 후로 우리 집의 청소는 언니, 나, 동생이 깨끗이 해치워야 했습니다. 학교 공부 하랴 집안 일 하랴 정말 어렵고 또 어려운 하루하루를 보내야 했습니다. 정말 그 땐 죽고도 싶었습니다. 하느님, 그깟 청소같은 집안 일 때문에 그러는 것이 아니라는 것을 아시겠죠?

어머니께서 집을 나가신 뒤 우리들은 눈물 바다가 되도록 울어 버렸습니다. 전 학교에서 아이들이 엄마 자랑을 할 때는 언제나 눈물이 핑 돌았습니다. 그 뒤로 어머니한테선 전화 한 통화도 오지 않았습니다. 아버지도 너무나 속이 상하셔서 술을 하루에 세 병 정도 하셨습니다. 그것도 소주를 말입니다. 약주를 하시고는 저희들보고
 "엄마 찾아 와!"
하시면서 막 때렸습니다. 저희들은 맞고만 있을 수 없어 집을 나와 동대구에 있는 외할머니 댁으로 갔습니다. 어두컴컴한 밤에 말입니다. 아버지께 매를 맞을 때는 아버지의 욕은 내 마음에서 나오는 대로 했습니다. 외할머니 댁에 가서 엄마 좀 찾아 달라고 하니 외할머니께서는 눈물을 흘리시면서 내쫓아 보내셨습니다. 정말 너무하다는 생각 안 드세요? 저희들은 아버지가 자꾸 우리들 때린다며 언니가 말하였습니다. 그러니 외할머니께서는 외할머니 댁에서 자게 해 주셨습니다. 그 때 외할머니께서 자게 해 주지 않았으면 우리들은 아마 땅바닥에서 자야 했을 것입니다. 외숙모께서 우리들이 외할머니 댁에 있다는 연락을 받고 오셔서 우리를 새벽에 깨워서 내쫓아 보냈습니다. 저희들은 동네가 떠나갈 듯이 아주 무섭게 큰 소리로 울었습니다. 외숙모께서는 언니의 등을 한 차례 툭 때리시면서 택시를 잡아 내쫓아 보내셨습니다. 우리들은 집에 도착하자 어머니랑 친구분이신 ○○ 어머니께 가서 좀 자게 해 달라고 가니 그 집에는 어디에 가고 아무도 없었습니다. 저희들은 너무나도 괴로웠습니다. 저희 집 대문으로 들어가 우리의 친구인 △△네 집에 가서 내 친구를 깨워 좀 자게 해 달라고 했습니다. 내 친구는 언니와 같이 살기 때문에 아무런 문제 없이 아주 쉽게 자게 해 줄 수가 있었습니다.

 자고 아침에 일어나 보니 아버지께서 우리를 한참 찾으시다가 오토바이를 타고 회사에 출근을 하셨습니다. 아버지께서 출근하시는 모습을 본 우리들은 집으로 달려가 보니 문은 잠겨 있지 않았습니다. 아버지께서도 우리를 기다리고 계셨던 것입니다. 저희들이 얼른 집으로 들어와 방 청소를 깨끗이 하고 있으니 외할머니께서 전화를 하셨습니

다. 우리 집에 와서 일 좀 도와 주신다는 전화였습니다. 저희들은 반갑게 오라고 하였습니다. 할머니께서는 1시간 30분 정도가 되니 우리 집으로 오셨습니다. 그 땐 한창 밖에서 뛰어놀 나이라서 외할머니께 일을 다 맡겨 두고 밖에 나가 놀았습니다.

아버지께서 오셨습니다. 저희들 마음은 콩닥콩닥 쿵쿵 떨렸습니다. 아버지께서는 저희들을 오랫동안 기다렸다는 듯이 그 때 일은 잊어버리시고 활짝 웃으며 반겨 주셨습니다. 외할머니와 아버지는 이야기를 나누셨습니다. 외할머니는 우리 집에서 주무시고 가기로 하셨습니다. 다음날 아침, 외할머니께서 동대구로 가셨습니다. 외할머니께서 있으실 땐 모르겠지만 안 계시니까 서운한 느낌이 들었습니다.

그 후 다음날, 다음날도 아버지께서는 술을 적게 마시고 아주 많이 웃어 주셨습니다. 저희들은 다시 희망을 갖고 집의 일을 되살리기 시작했습니다. 아버지께 엄마가 보고 싶다고 하면 아버지의 마음이 아플 것 같아 내색도 하지 않고 꾹 참으며 지내왔습니다.

그 후로 저희 집엔 더더욱 웃음이 가득하였습니다. 비록 한쪽을 잃은 웃음이지만요. 언니는 고1이 되고, 나는 6학년, 동생은 5학년이 되었습니다.

어머니가 보고 싶습니다. 이렇게 웃음이 가득하게 만들어 주시는 김에 어서 빨리 어머니가 돌아오시게 해 주시면 더더욱, 더더욱 웃음이 가득하지 않을까요?

하느님! 저희들은 매일 바쁘고, 매일 그 날로만 되풀이되는 일들만 계속하고 있습니다. 하느님께서 도와 주신다면 전 기쁘고도 또 기뻐서 하늘까지 닿도록 펄쩍펄쩍 뛸 것입니다. 이왕 도와 주시는 김에 저희 집에 행복이 더욱 가득하게 도와 주시면 그 은혜 잊지 않고 최선을 다해서 살아갈 것입니다.

하느님, 저의 소원은 이것이었습니다. 이 소원을 꼭 들어 주시기 바라면서 이만 이 연필을 놓겠습니다.

1993. 7. 7. 하늘 밑의 땅에 살고 있는 괴로운 ○○○ 드림 (6학년 여)

〈글 2〉 하느님께

하느님, 안녕하세요? 저는 대한민국이라는 나라에 살고 있는 민재라고 해요. 지금 여기에는 무더운 여름이 시작되고 있어요. 거기에는 날씨가 아주 더워요, 추워요? 그것이 궁금해요. 몸은 건강하시죠?

하느님, 부탁이 있어요. 하느님, 저희 아버지 아시겠죠? 농사를 지으시는데 힘드신가 봐요. 하느님께서 저희 아버지를 잘 지켜 주시면 좋겠어요.

한 가지 더 있어요. 엄마는 제가 제일 갖고 싶어하는 롤러 스케이트를 안 사 줘요. 하느님, 우리 엄마 꿈 속에 나타나

"네 딸 민재에게 롤러 스케이트를 사 주어라! 안 사주면 곧 큰일이 생길 거다. 꼭 사 주어라!"라고 말씀만 해주시면 고맙겠어요. 하느님, 이 부탁 꼭 들어 주실 거죠? 저는 다른 아이들이 롤러 스케이트를 타고 아파트 근처에서 노는 것을 보면 어찌나 그것이 부러운지 가슴이 울컹거려요.

또 저희 엄마는 언니와 자꾸 비교를 해요. 미워 죽겠어요. 한 날 시험지를 받아가지고 갔더니

"이게 뭐야! 언니는 상을 우수수 타 오는데 니는 왜 그 모양이고. 언니 본받아라 잉! 들어가 공부해라!" 하시는 것이에요. 그러니 제가 엄마를 안 미워할 수 있어요? 맨날 '공부해라, 공부해라' 하시는 이유를 모르겠어요. 하느님께서 그 소리 듣는 이유를 저의 꿈 속으로 이야기해 주세요, 네? 꼭 부탁해요.

저는 하느님께 부탁드릴 것이 너무나 많아요. 지금부터 또 부탁에 들어가요. 잘 보아 주세요.

저희 집에는 소가 세 마리 있어요. 그런데 그 소 중 중간 정도 크기

의 소가 무슨 병에 걸렸어요. 자꾸 털과 살이 빠지면서 피가 나고 있어요. 다리 허벅지 사이에 한 군데, 등에 한 군데 피가 흐르며 지금도 치료하고 있어요. 하느님, 그 소의 껍질이 다시 나서 피가 안 흐르도록 해 주세요, 네. 부탁이에요.

또 있어요. 저희 어머니는 몸이 허약해요. 그래서 무슨 병이나 독한 감기에 자주 걸려요. 몸이 허약해서 이모가 보약을 지어 주셨는데 그것을 아직도 먹고 계세요. 지금은 맨날 아파트에서 촌에 갔다 왔다 하다가 더욱 피곤하신가 봐요. 그래서 저는 이 편지를 쓰고 나서 설거지, 청소 등등을 제가 해 보려고 해요. 하느님도 제가 그 일을 잘 할 수 있도록 격려 좀 해 주세요.

또 언니와 저는 자주 싸우는데 그 이유는 방 때문이에요. 서로 "내 방이야!", "내 방이야!" 하다가 싸우는 것이에요. 자꾸 자기 방이라고 나가라고 말할 때가 참 많아요. 언니가 내 비위를 건드리면 나는 말할 용기가 없어 그냥 울어요. 들어오지 말라고 할 때나 무엇이든지 나의 비위를 건드리면 나도 화를 낼 때도 있지만 대개 울어요. 울고 나면 속이 시원하거든요. 엄마는 나에게 "눈물도 썩어빠졌다." 하기도 하고, 저를 달래 주기도 해요. 엄마는 고마울 때도 있고 나쁠 때도 있어요.

하느님, 저희 선생님이신 이호철 선생님이 제발 살 좀 찌게 해 주세요. 몸이 빼빼 말랐어요. 네, 하느님, 우리 선생님 몸 튼튼하게 해 주시고 살 좀 찌게 해 주세요.

그리고 하느님, 저희 선생님께서 강조하는 참, 사랑, 땀을 모든 국민이 지켰으면 좋겠어요. 저희 나라는 나쁜 짓 하는 아저씨나 사람들이 참 많아요. 그 사람들이 모두 참, 사랑, 땀을 지킬 줄 아는 사람이 되었으면 더욱 좋겠어요. 하느님도 그렇게 생각 안 하세요? 저희 나라가 잘 되라고 격려도 많이 해 주세요.

하느님, 저의 부탁은 속 시원하게 다 털어놓았어요. 이 부탁을 들어 주시면 더욱 좋겠고, 안 들어 주신다 하더라도 저의 꿈속에 나타나 말을 꼭 해 주세요.

하느님 이만 연필을 놓아야겠어요. 이렇게 편지를 그만 쓰는 것도 아쉬워요. 하느님도 그러시죠? 날마다 행복하고 즐거운 얼굴로 저희들 지켜봐 주세요.

1993. 7. 7. 하느님을 사랑하는 민재 올림 (6학년 여)

〈글 3〉 하느님께

안녕하세요? 저는 6학년 ○반에서 공부를 하고 있는 우정이에요. 저는 소원이 한 가지 있어요. 무엇이냐구요? 지금부터 이야기해 드리겠어요.

저희 식구들은 전세방에서 살고 있습니다. 그런데 개나리 아파트가 생긴다고 하길래 저희 어머니께서는 근로자 아파트라도 우리 집을 갖는다고 기뻐했습니다. 우리 집을 갖는 게 소원이었거든요. 그런데 통장 아저씨께서 갑자기 찾아오셔서 하시는 말씀이 아파트에 들어가기는 어려우시다고 하시는 것이었어요. 그러자 우리 어머니께서는 깜짝 놀라서 왜냐고 물으시니 통장 아저씨께서는 다른 집에서 돈이 다 되어서 그 쪽으로 넘어갔다고 하셨어요. 어머니께서는 이렇게 말씀을 하셨어요.

"아파트를 넘겨 주는 것은 좋은데, 돈이면 답니까!"

어머니께서는 이렇게 말씀을 하시고는 몇 분 동안 아무 말 없이 머리 위에 손만 얹고 있었습니다. 하느님께서는 아시겠지요. 누가 잘하고 못 하는 것을 아시겠지요. 하느님, 죄송해요. 제 생각만 해서요.

저는 소원이 있다면 진짜 우리 집 아파트가 있는 것이 소원이에요. 돈 많은 사람을 보면 언제나 안 부러운 날이 없어요.

우리 반에 ○○이라고 있거든요. ○○이가 하는 말이 지금 쓰고 있는 아파트까지 합치면 집이 세 채라고 하는 거예요. 거기까지는 좋았어요. 자꾸만 '우리 집 부자다.' 하며 자랑을 하잖아요. 저는 이런 친구가 제일 싫어요. 꼭 가난한 사람을 비웃는 것 같거든요. 그래서 ○○이하고는 별로 사이가 좋지 않아요. 전번에 △△이가 하는 말이 □□이 집에서 ○○이가 울었다고 해요. ○○이는 나와 친해지려고 하는데 내가 싫어해서 그런가 봐요. 그 말을 듣고 어떻게 하면 친해질까 여러 번 생각을 해 보았어요. 그래도 생각이 나지 않아서 어떻게 어떻게 친해지려고 노력하기로 했어요.

하느님, 괜히 트집을 잡은 것 같지요? 제발 아파트 한 채 좀 마련할 수 없을까요? 너무 어려운 부탁인가요? 꼭 부탁해요. 그럼 이만……. 안녕히 계세요.

1993. 7. 7. ○○○ 올림

〈글 4〉 하느님께

하느님, 안녕하세요? 벌써 벼가 많이 자랐어요. 이제 장마철로 접어든다고 해요.

하느님께선 하늘에서 우리의 행동을 모두 다 보고 계시나요? 만약 보신다면 저의 행동도 다 보셨겠네요. 전 얼마 전에 민지와 전화로 싸운 적이 있어요. 왜 싸웠냐 하면요, 토요일에 재미있는 숙제를 하러 민지와 같이 가기로 했어요. 그런데 내가 시험지를 매긴다고 집에 늦게 갔어요. 늦게 가서 민지에게 전화를 걸었어요.

"민지야, 지금 재미있는 숙제하러 갈래? 내 좀 늦게 왔거든."
하니 민지는
"오늘 못 가는데……."
했어요.
"그럼 내일 가자, 응?"
하니 민지는 나하고 같이 못 갈 거라고 했어요. 나는 깜짝 놀라며 왜 그러냐고 했더니 민지는 정희와 같이 간다고 했어요. 나는 민지가 너무나 미웠어요. 오죽하면 내가 그냥 전화를 끊어 버렸겠어요? 나하고 같이 가기로 먼저 약속해 놓고서 정희랑 간다고 하니 더욱 미웠어요. 민지는 먼저 약속한 사람이랑 가지 않고 약속을 했어도 다른 아이가 같이 가자면 같이 가는 아이가 되어 버렸어요.

지금은 화해했지만 그 싸움 때문에 사이는 별로 좋지 않아요. 내가 어쩌다 잘못 말을 걸면 언성을 높여 말을 하곤 해요. 그래서 요즘 민지는 남정이와 놀아요. 나와 싸우고 나서 남정이에게 나랑 같이 놀지 말라고 그랬어요. 그래서 더욱더 미워요. 내가 잘못한 것도 있긴 하지만 그래도 민지가 자꾸 미워져요. 하느님께서 민지와 내가 잘 지낼 수 있도록 도와 주셨으면 좋겠어요. 꼭 부탁드려요.

그럼 이만 쓰도록 할게요. 어디에 계신지는 모르겠지만 건강하게 잘 지내세요. 안녕히 계세요.

1993. 7. 7. 하느님이 부탁을 꼭 들어 주기를 바라는 아이 미정 올림.

어른만이 보아야 할 아이들 글의 발표와 뒤처리

이렇게 쓴 글들은 책이나 어떤 지면을 통해서 어른들이 볼 수 있도록 하는 것이 좋다. 그러나 대부분의 어른들은 지레 겁을 먹을 것이라 짐작된다. 언제나 아이들의 눈만 가리면 된다고 생각하는 어른들은 말이다. 나는 그 동안 쓴 아이들 글을 모아 이런 어른들이 읽도록 발표할 생각이다. 어른들이 아이들에게 어떻게 하고 있나를 똑똑히 보고 깨달아야 하기 때문이다.

우리 어른들은 아이들을 한 인격체로 대하면서 바르고 싱싱하게 살아 나가도록 도와 주어야 한다. 또 아이들이 걱정과 고민을 스스로 상의하러 올 수 있도록 하고, 스스로 오지 않을 때는 잘 다독거려서 속마음을 열 수 있도록 해야 한다.

사실 아이들에게 예절 지도를 해야 한다느니, 생활 지도를 해야 한다느니 하며 아이들만 자꾸 나무라고 닦달만 하지 말고 어른이 먼저 몸으로 보여 주어야 한다. 어른이 몸으로 보여 주면 그런 특별한 지도를 한다고 떠벌이지 않아도 저절로 따라오게 되어 있다. 어미 게와 새끼 게의 이야기가 생각난다. 어미 게는 똑바로 못 걸으면서 새끼 게에게 똑바로 걸으라고 하는 짓이 얼마나 우스운가. 어른들의 예절이나 도덕성, 가치관은 얼마나 믿을 수 있을까?

　이렇게 씌어진 아이들 글은 어른만 보아야 한다고 말했지만 특별한 경우말고는 아이들이 함께 보아도 상관없다고 생각한다. 그렇게 하면 상처받은 아이의 마음을 이해하고 동정하는 마음을 가질 수 있고, 바른 판단으로 스스로 자신을 바로 세우고 어른들의 세계를 잘 이해할 수 있겠다는 생각도 든다.

지은이 이호철 선생님은

1952년에 경북 성주에서 태어났다. 1973년 안동 교육 대학교를 졸업한 뒤
지금까지 30년 가까이 경북 지역의 농촌 학교에서 아이들을 가르치고 있다.
오랫동안 아이들과 함께 얻은 교육 성과를 《살아 있는 교실》《살아 있는 그림 그리기》
《재미있는 숙제, 신나는 아이들》《연필을 잡으면 그리고 싶어요》《학대받는 아이들》
《비 오는 날 일하는 소》《요놈의 감홍시》《잠 귀신 숙제 귀신》 같은 책에 담아냈다.
지금까지 선생이 해 온 일들은 '해방 이후 초등 교육 현장에서 거둔 최대의 교육 성과' 라는
평가를 받고 있다. 지금도 초등 학교에서 '참, 사랑, 땀' 이라는 급훈을 실천하며
아이들과 '살아있는 교실' 을 가꾸어 가고 있다.

이호철 선생의 교실혁명 3

살아 있는 글쓰기

1994년 2월 15일 1판 1쇄 펴냄 | 2019년 7월 17일 1판 31쇄 펴냄 | **글쓴이** 이호철 | **펴낸이** 유문숙 | **편집** 이성인
제작 심준엽 | **영업 · 홍보** 안명선, 양병희, 이옥한, 정영지, 조서연, 최민용 | **대외 협력** 신종호, 조병범 | **경영 지원**
임혜정, 한선희 | **표지 · 본문 디자인** (주)끄레 어소시에이츠 | **인쇄와 제본** (주)천일문화사 | **펴낸 곳** (주)도서출판 보
리 | **출판 등록** 1991년 8월 6일 제 9-279호 | **주소** (10881) 경기도 파주시 직지길 492 | **전화** (031)955-3535 | **전송** (031)950-
9501 | **누리집** www.boribook.com | **전자 우편** bori@boribook.com